EDUCAÇÃO E TECNOLOGIAS:
O NOVO RITMO DA INFORMAÇÃO

VANI MOREIRA KENSKI

EDUCAÇÃO E TECNOLOGIAS:
O NOVO RITMO DA INFORMAÇÃO

PAPIRUS EDITORA

Capa	Fernando Cornacchia
Foto de capa	Rennato Testa
Coordenação	Beatriz Marchesini
Copidesque	Mônica Saddy Martins
Diagramação	DPG Editora
Revisão	Ana Carolina Freitas, Aurea Guedes de Tullio Vasconcelos, Maria Lúcia A. Maier e Solange F. Penteado

Dados Internacionais de Catalogação na Publicação (CIP)
(Câmara Brasileira do Livro, SP, Brasil)

Kenski, Vani Moreira
  Educação e tecnologias: O novo ritmo da informação/Vani Moreira Kenski. – 8ª ed. – Campinas, SP: Papirus, 2012. – (Coleção Papirus Educação)

Bibliografia.
ISBN 978-85-308-0828-0

1. Comunicação 2. Educação – Finalidades e objetivos 3. Inovações educacionais 4. Inovações tecnológicas 5. Tecnologia da informação 6. Tecnologia educacional I. Título. II. Série.

12-10451   CDD-371.33

Índice para catálogo sistemático:

1. Educação e tecnologias   371.33

8ª Edição – 2012
14ª Reimpressão – 2024
Tiragem: 200 exs.

Exceto no caso de citações, a grafia deste livro está atualizada segundo o Acordo Ortográfico da Língua Portuguesa adotado no Brasil a partir de 2009.

Proibida a reprodução total ou parcial da obra de acordo com a lei 9.610/98. Editora afiliada à Associação Brasileira dos Direitos Reprográficos (ABDR).

DIREITOS RESERVADOS PARA A LÍNGUA PORTUGUESA:
© M.R. Cornacchia Editora Ltda. – Papirus Editora
R. Barata Ribeiro, 79, sala 316 – CEP 13023-030 – Vila Itapura
Fone: (19) 3790-1300 – Campinas – São Paulo – Brasil
E-mail: editora@papirus.com.br – www.papirus.com.br

SUMÁRIO

APRESENTAÇÃO.. 7

INTRODUÇÃO.. 11

1. O QUE SÃO TECNOLOGIAS E POR QUE ELAS SÃO ESSENCIAIS........ 15

2. TECNOLOGIAS TAMBÉM SERVEM PARA INFORMAR
   E COMUNICAR... 27

3. TECNOLOGIAS TAMBÉM SERVEM PARA FAZER EDUCAÇÃO........... 43

4. A EDUCAÇÃO SERVE PARA FAZER MAIS DO QUE
   USUÁRIOS E DESENVOLVEDORES DE TECNOLOGIAS...................... 63

5. DAS SALAS DE AULA AOS AMBIENTES VIRTUAIS
   DE APRENDIZAGEM.. 85

6. CAMINHOS FUTUROS NAS RELAÇÕES ENTRE NOVAS
   EDUCAÇÕES E TECNOLOGIAS... 115

QUESTÕES PARA REFLEXÃO E DEBATES.. 129

GLOSSÁRIO... 133

APRESENTAÇÃO

Escrevi este livro pensando nos jovens leitores, em seus professores e nos demais profissionais de diferentes áreas que se interessam pelo tema, tão atual, da relação entre educação e tecnologias.

O desafio estava em falar sobre o tema sem entrar em discussões mais aprofundadas no campo específico da educação, com seus jargões profissionais, suas teorias e abordagens. Por outro lado, era preciso explicar as tecnologias, sobretudo as mais novas tecnologias de comunicação e informação, de uma forma que todos entendessem, mesmo aqueles que nunca chegaram perto do computador nem navegaram na internet.

Tornar acessíveis para todos os conceitos e as questões de grande complexidade teórica das duas áreas foi minha grande preocupação. Articular alguns dos muitos pensamentos que se cruzam entre essas duas grandes áreas foi meu principal objetivo. Para isso, houve necessidade de mesclar a informação teórica com o desafio que tem sido fazer educação mediada pelas tecnologias.

Nas pesquisas para escrever este livro, busquei a opinião de professores e jornalistas em artigos apresentados pela imprensa. Recuperei muitas pesquisas realizadas por mim e por outros pesquisadores, além de relatos e depoimentos de professores e alunos, e fiz muita, muita busca na internet. Não quis ficar só na teoria sobre o assunto e fui atrás de exemplos de iniciativas educacionais que pudessem auxiliar na compreensão de assuntos tão novos.

Para escrever os capítulos, parti da ideia de que o tema "educação e tecnologias" deveria ser abordado de forma abrangente, de modo que propiciasse informações e esclarecimentos para todos os leitores, independentemente de seu grau de familiaridade com as tecnologias e os seus usos em educação. Dessa forma, inicio este livro com um exemplo surpreendente – digno de filme de ficção científica – de uso de tecnologia de ponta em educação, com o intuito de mostrar a forma atualmente mais avançada que conheço de se fazer educação proporcionada pela tecnologia. Com base nesse exemplo, posto na introdução, usei o resto do livro para contar a longa história de relacionamentos entre os vários tempos da sociedade, os avanços tecnológicos sucessivos e os seus reflexos na educação.

No Capítulo 1, procurei situar as relações entre os avanços tecnológicos e as alterações decorrentes da intensificação de seus usos nas sociedades em diferentes épocas. Tratei também de apresentar e conceituar os diferentes formatos com que as tecnologias se apresentam e suas relações com o poder e a guerra.

O Capítulo 2 é dedicado a um tipo específico de tecnologias – de informação e de comunicação, comumente chamadas de TICs. Reflito sobre a compreensão da linguagem oral e da escrita como tecnologias de comunicação. Abordo com maiores detalhes as novas tecnologias digitais; a nova lógica tecnológica, surgida com o uso intensivo da internet, e que muda as relações políticas, econômicas, financeiras, culturais e educacionais em todo o mundo; as novas formas de pensar, sentir e agir; as mudanças no acesso e no processamento conjunto de informações, com a utilização de computadores ligados em redes.

No Capítulo 3, mostro como as tecnologias são indispensáveis para a educação, ou melhor, que educação e tecnologias são indissociáveis. Falo das tecnologias utilizadas em atividades de ensino, nas escolas e que já nem são compreendidas como tal. Apresento novas formas de aprender mediadas pelas TICs. Relato também algumas experiências interessantes de uso das tecnologias em educação e outras que não deram certo. Minha intenção é mostrar que a tecnologia, apesar de ser essencial à educação, muitas vezes

8 Papirus Editora

pode levar a projetos chatos e pouco eficazes. A ideia foi também defender meu ponto de vista de que as tecnologias, sozinhas, não educam ninguém.

O Capítulo 4 foi dedicado a explorar a contradição existente na educação escolar que forma cientistas, pesquisadores e desenvolvedores de tecnologias, mas que também forma usuários e os que se colocam contra o seu bom uso na educação. Da análise de novos projetos e propostas de ensino mediados pelas TICs, busco examinar uma questão bem atual sobre quem é o centro do processo educativo: o conhecimento, o aluno ou as tecnologias.

No Capítulo 5, é o momento de penetrar nas salas de aula e descobrir em que as novas TICs mudam o seu cotidiano. Novas escolas, novos professores, novos alunos e os desafios a serem assumidos para a gestão dessas novas educações. Abordo também a questão das distâncias em todos os tipos de educação e o uso de ambientes virtuais em situações de aprendizagem individuais e coletivas.

O Capítulo 6 é dedicado à reflexão sobre o futuro das relações entre educações e tecnologias no Brasil. São discutidas a questão da democratização do acesso às tecnologias digitais e a garantia de fluência tecnológica para todos os brasileiros.

Segue-se a esse último capítulo um anexo com algumas questões para reflexão e debates, de acordo com os temas abordados no livro. Baseados nelas, professores e alunos poderão avançar na pesquisa, discussão e conhecimento sobre esses temas e desenvolver estratégias dinâmicas de aprendizagem.

Para o leitor poder compreender alguns dos termos específicos utilizados aqui, criei um glossário, apresentado nas páginas finais do livro.

Boa leitura para todos!

Vani Moreira Kenski
vani@siteeducacional.com.br

INTRODUÇÃO

Ligo meu computador e já acesso a internet. Entro no endereço da minha universidade no mundo virtual. Uma tela se abre diante dos meus olhos. Identifico-me, utilizando minha *webcam* e minha senha de acesso. No mesmo instante, sou transportada para o ambiente tridimensional interativo em que estudo. Uma tela me pergunta qual será a identidade que irei utilizar. Escolho o nome, o sexo e a figura que irá me representar na tela, o meu avatar. Comando os seus ângulos de visão, suas emoções e a forma como vou fazer o controle de suas ações, por comandos de voz, pelo *mouse* ou pelo teclado. Encarnada na figura que me representa no mundo virtual, passo pela avenida principal e subo as escadas para entrar no laboratório de projetos. Deixo para trás os sons dos carros e o barulho dos pássaros virtuais.

Dentro do ambiente, ouço as vozes das outras alunas que fazem parte de meu grupo de trabalho (Cinthya, do Canadá, Vichy, da França, Mayte, da Venezuela e Shizlan, da Finlândia) e que me cumprimentam. Converso com elas sobre o que temos de fazer hoje. Logo chegam Lioness, o professor dinamarquês, e Marita, a assistente espanhola. Convencionamos usar o inglês operacional da rede, já padronizado e com múltiplas formas de expressão (oral, escrita, gráfica etc.), para atender a todos da equipe, principalmente Vichy, que não escuta.

A nossa atividade nesse momento é terminar a construção do espaço virtual para apresentação de nossas pesquisas sobre "educação e tecno-logias". Trabalhamos em colaboração na definição do *layout* e no dimensionamento das peças que vamos utilizar. Debatemos e experimentamos a reutilização de modelos anteriores, já disponíveis. Com o uso de programas específicos, aproveitamos alguns desses materiais e nos distribuímos para criar as peças que faltam no novo ambiente. Definimos que faremos um grande jardim em que as pesquisas serão apresentadas em painéis imersivos. As pessoas poderão caminhar pelo jardim e escolher como interagir com cada uma das apresentações. Cada painel convidará gentilmente as pessoas para imergir no tema tratado. Dentro do painel, uma grande rede, distribuída em camadas hipertextuais, levará o convidado para diversos tipos de apresentações e interações (sons, vídeos, estruturas técnicas, *blogs*, espaços de bate-papo com a presença do autor do trabalho, fóruns de debates, atalhos para textos mais densos e literaturas mais leves, muitas animações e jogos, muitos jogos). Trabalhamos duro, trocamos ideias e nos dividimos em duplas para montar os painéis e todo o espaço a nossa volta. Comandando os nossos avatares, podemos correr, pular, voar, carregar painéis e expressar nossas emoções. Interagimos em tempo real e criamos rapidamente os últimos detalhes do espaço das apresentações. Terminamos o projeto em pouco tempo e já podemos convidar todos os que tiverem acesso ao mundo virtual para visitar nossas instalações e interagir com nossos projetos.

Idealizamos um caminho amplo e agradável em meio a um jardim, cheio de plantas, flores e canto de pássaros. Se o visitante quiser olhar em outra direção, irá encontrar o mar com o movimento e o barulho das ondas quebrando na areia da praia. Passeando por esse jardim, os visitantes poderão ver, em *outdoors*, as apresentações tridimensionais de nossos projetos. Poderão penetrar em cada projeto – casa, fábrica, escritório, museu e biblioteca –, vivenciar suas instalações e as respostas oferecidas em cada um deles aos novos desafios que o tema "educação e tecnologia" está apresentando. Terão acesso também a todas as referências teóricas utilizadas para elaboração de cada estudo. Poderão conversar com os autores em salas de bate-papo que constam da programação do evento virtual. Será possível também debater as propostas nos fóruns especialmente criados em cada apresentação. Poderão interagir com as propostas e alterá-las como lhes convier. Essas alterações serão salvas como novas opções e servirão para o aprofundamento dos estudos realizados. A ideia é de que todos, professores, alunos e visitantes, explorem novos conceitos e novas propostas de aprendizagem. Baseados na interação permanente, na comunicação e na ação, todos aprofundam seus conhecimentos de forma criativa e agradável.

Antes que imaginem que tudo o que descrevi é ficção científica, é bom saber que experiências como essa e outras mais incríveis ainda ocorrem diariamente nos espaços educacionais existentes nos mundos virtuais. São aulas que podem ser realizadas na Lua, em Marte, em laboratórios de medicina, veterinária ou educação. Disciplinas em que os alunos exploram os ambientes do fundo do mar ou de regiões de difícil acesso, como um deserto ou o Everest. Tudo isso sem sair da frente da telinha do computador.

Centenas de universidades e colégios do mundo inteiro já possuem seus espaços de estudos em ambientes virtuais tridimensionais. Não se trata de simples projetos de educação a distância, mas de novas concepções de educação, em que são utilizadas as mais atuais tecnologias digitais, para se aprender mais e melhor.

Um longo caminho, no entanto, o homem teve de percorrer para chegar nesse estágio da relação entre educação e tecnologias. Este livro trata desse caminho e dessas relações. Convido o leitor a caminhar comigo e ver como tudo isso começou e foi se transformando. Quero lhe mostrar como a tecnologia tornou possível a experiência de ser aluno no mundo virtual, escolher avatares e interagir com pessoas de todo o mundo, para aprender.

1
O QUE SÃO TECNOLOGIAS E POR QUE ELAS SÃO ESSENCIAIS

Tecnologias: Isso serve para fazer a guerra

As tecnologias são tão antigas quanto a espécie humana. Na verdade, foi a engenhosidade humana, em todos os tempos, que deu origem às mais diferenciadas tecnologias. O uso do raciocínio tem garantido ao homem um processo crescente de inovações. Os conhecimentos daí derivados, quando colocados em prática, dão origem a diferentes equipamentos, instrumentos, recursos, produtos, processos, ferramentas, enfim, a tecnologias. Desde o início dos tempos, o domínio de determinados tipos de tecnologias, assim como o domínio de certas informações, distinguem os seres humanos. Tecnologia é poder. Na Idade da Pedra, os homens – que eram frágeis fisicamente diante dos outros animais e das manifestações da natureza – conseguiram garantir a sobrevivência da espécie e sua supremacia, pela engenhosidade e astúcia com que dominavam o uso de elementos da natureza. A água, o fogo, um pedaço de pau ou o osso de um animal eram utilizados para matar, dominar ou afugentar os animais e outros homens que não tinham os mesmos conhecimentos e habilidades.

A ação bem-sucedida de grupos "armados" desencadeou novos sentimentos e ambições em nossos ancestrais. Novas tecnologias foram sendo criadas, não mais para a defesa, mas para o ataque e a dominação. A posse de equipamentos mais potentes abriu espaço para a organização de exércitos que subjugaram outros povos por meio de guerras de conquista ou pelo domínio cultural. Um momento revolucionário deve ter ocorrido quando alguns grupos primitivos deixaram de lado os machados de madeira e pedra e passaram a utilizar lanças e setas de metal para guerrear. O uso de animais adestrados – cavalos principalmente – mudou a forma de realizar um combate. Canoas e barcos a remo eram frágeis diante de caravelas e navios. Assim, sucessivamente, com o uso de inovações tecnológicas cada vez mais poderosas, os homens buscavam ampliar seus domínios e acumular cada vez mais riquezas.

Essa relação não mudou até hoje. As grandes potências – sejam países, sejam grandes corporações multinacionais – preocupam-se em manter e ampliar seus poderes políticos e econômicos. Gastam grande parte de seus orçamentos na pesquisa de inovações que garantam a manutenção dessa supremacia. Em muitos casos, é na pesquisa e produção de novos armamentos e equipamentos militares que os órgãos de defesa dos países desenvolvidos descobrem (algumas vezes acidentalmente, mas nem sempre) usos domésticos para os mesmos produtos. Dos centros de pesquisa, essas invenções migram para o uso ampliado em nossas casas e alteram nossas vidas.

A Guerra Fria – iniciada logo após a Segunda Guerra Mundial e que durante quase 50 anos dividiu o mundo em dois grandes blocos de poder – impulsionou a ciência e a tecnologia de forma jamais vista na história da humanidade. Muitos equipamentos, serviços e processos foram descobertos durante a tensão que existiu entre Estados Unidos e União Soviética pela ameaça, de ambos os lados, de ações bélicas, sobretudo com o uso da bomba atômica. A corrida espacial, resultante do avanço científico proporcionado por essa tensão, trouxe inúmeras inovações: o isopor, o forno de micro-ondas, o relógio digital e o computador.

O jornalista Fábio Reynol (2004) informa que

os aparelhos automáticos para medir pressão arterial encontrados nas portas das farmácias são a evolução de equipamentos desenvolvidos para astronautas, que precisavam de sistemas práticos para avaliar a saúde no espaço. A válvula de um novo tipo de coração artificial foi inspirada em uma bomba de combustível de foguetes. Marca-passos são monitorados graças à mesma tecnologia utilizada em satélites. E até a Fórmula 1, famosa por ser uma grande fonte de tecnologia, copiou dos trajes espaciais os macacões antichamas de seus pilotos. Detectores de fumaça e de vazamento de gás, tão comuns em construções hoje em dia, vieram de pesquisas de similares que equipam veículos espaciais. Também é graças ao espaço que os ortodontistas contam hoje com o Nitinol, uma liga que, por ser maleável e resistente, é muito empregada na fabricação de satélites e que agora também compõe os "araminhos" de muitos aparelhos ortodônticos. E até a asa-delta, quem diria, não foi invenção de esportistas, mas de Francis Rogallo, projetista da Nasa, que desenvolveu o aparato para guiar espaçonaves depois da reentrada na atmosfera. O inventor não imaginava que sua obra iria fazer muito mais sucesso como esporte, modalidade inaugurada na década de 70.

Conhecimento, poder e tecnologias

Os vínculos entre conhecimento, poder e tecnologias estão presentes em todas as épocas e em todos os tipos de relações sociais. Enciclopédias, dicionários, livros, revistas e jornais, por exemplo, são criados em contextos definidos e apresentam informações da ótica de seus autores e editores, ou seja, a informação veiculada em jornal, revista ou livro não envolve a totalidade de informações sobre determinado assunto nem pode ser considerada totalmente isenta e imparcial. O autor apresenta sua versão do fato. Um exemplo bem fácil: é só notar como diferentes jornais, revistas e outras publicações tratam a mesma notícia. O aumento de impostos, por exemplo, pode ser criticado por jornais e revistas de grande circulação e que olham a notícia pela ótica de seus leitores. Já as mídias que apoiam o governo tratam do mesmo assunto como oportunidade de obtenção de verbas para a melhoria de serviços públicos etc. Da mesma forma, assuntos científicos polêmicos como os transgênicos, a clonagem e o genoma são vistos de forma positiva ou negativa, conforme o posicionamento dos que apresentam a informação.

A concepção de guerra e as relações de poder que envolvem conhecimento e inovações tecnológicas ampliaram-se tremendamente na atualidade. A facilidade de interação e comunicação facilitou a globalização da economia. Com o fim da Guerra Fria, o colapso do socialismo e o início da era tecnológica, no início dos anos 1990, o mundo começou a sentir a crescente hegemonia do pensamento neoliberal. Esse movimento foi acompanhado pela evolução de novos conceitos no mundo do trabalho (qualidade, produtividade, terceirização, reengenharia etc.), como resultado do desenvolvimento e da introdução de novas tecnologias na produção e na administração empresarial, com o agravamento da exclusão social.

As grandes corporações transnacionais assumem poderes (quanto ao domínio de tecnologias, de capital financeiro, de mercados, de distribuição etc.) superiores aos poderes políticos dos países e exercem influência sobre o futuro dos povos em todo o mundo. A globalização da economia e das finanças redefine o mundo e cria uma nova divisão social. O mundo desenvolvido e rico é o espaço em que predominam as mais novas tecnologias e seus desdobramentos na economia, na cultura, na sociedade. Os que não têm a "senha de acesso" para ingresso nessa nova realidade são os excluídos, os "subdesenvolvidos". Em todos os países, ricos ou pobres, em alguns mais noutros menos, esses dois grupos – incluídos e excluídos – se apresentam de forma muito semelhante. Desenha-se uma nova geografia, em que já não importa o lugar onde cada um habita, mas as suas condições de acesso às novas realidades tecnológicas. Para Lyotard (1988 e 1993), um grande filósofo francês, o grande desafio da espécie humana na atualidade é a tecnologia. Segundo ele, a única chance que o homem tem para conseguir acompanhar o movimento do mundo é adaptar-se à complexidade que os avanços tecnológicos impõem a todos, indistintamente. Este é também o duplo desafio para a educação: adaptar-se aos avanços das tecnologias e orientar o caminho de todos para o domínio e a apropriação crítica desses novos meios.

Educação, poder e tecnologias

A educação também é um mecanismo poderoso de articulação das relações entre poder, conhecimento e tecnologias. Desde pequena, a criança é educada em um determinado meio cultural familiar, onde adquire conhecimentos, hábitos, atitudes, habilidades e valores que definem a sua identidade social. A forma como se expressa oralmente, como se alimenta e se veste, como se comporta dentro e fora de casa são resultado do poder educacional da família e do meio em que vive. Da mesma forma, a escola também exerce o seu poder em relação aos conhecimentos e ao uso das tecnologias que farão a mediação entre professores, alunos e os conteúdos a serem aprendidos.

A escola representa na sociedade moderna o espaço de formação não apenas das gerações jovens, mas de todas as pessoas. Em um momento caracterizado por mudanças velozes, as pessoas procuram na educação escolar a garantia de formação que lhes possibilite o domínio de conhecimentos e melhor qualidade de vida. Essa educação escolar, no entanto, aliada ao poder governamental, detém para si o poder de definir e organizar os conteúdos que considera socialmente válidos para que as pessoas possam exercer determinadas profissões ou alcançar maior aprofundamento em determinada área do saber. Assim, a definição dos currículos dos cursos em todos os níveis e modalidades de ensino é uma forma de poder em relação à informação e aos conhecimentos válidos para que uma pessoa possa exercer função ativa na sociedade. Por sua vez, na ação do professor na sala de aula e no uso que ele faz dos suportes tecnológicos que se encontram à sua disposição, são novamente definidas as relações entre o conhecimento a ser ensinado, o poder do professor e a forma de exploração das tecnologias disponíveis para garantir melhor aprendizagem pelos alunos.

Evolução das tecnologias

As tecnologias invadem as nossas vidas, ampliam a nossa memória, garantem novas possibilidades de bem-estar e fragilizam as capacidades naturais do ser humano. Somos muito diferentes dos nossos antepassados e nos acostumamos com alguns confortos tecnológicos – água encanada, luz elétrica, fogão, sapatos, telefone – que nem podemos imaginar como seria viver sem eles. Mas nem sempre foi assim.

Na origem da espécie, o homem contava simplesmente com as capacidade naturais de seu corpo: pernas, braços, músculos, cérebro. Na realidade, podemos considerar o corpo humano, e sobretudo o cérebro, a mais diferenciada e aperfeiçoada das tecnologias, pela sua capacidade de armazenar informações, raciocinar e usar os conhecimentos de acordo com as necessidades do momento. Um grande salto evolutivo para a espécie humana ocorreu quando, diferenciando-se dos outros primatas, o homem começou a andar ereto, liberando as mãos para a realização de atividades úteis à sua sobrevivência. Com a capacidade de raciocinar e as mãos livres para criar, o homem inventou e produziu ferramentas e processos para sua sobrevivência em qualquer tipo de meio ambiente. Essa competência, porém, seria inútil se o homem vivesse isolado. A reunião em grupos e bandos garantiu maior poder diante dos desafios impostos pela natureza. A fragilidade do homem, diante das outras espécies, era superada por sua inventividade e pela capacidade de agregação social. As ferramentas eram criadas e utilizadas em grupo. Técnicas de construção, utilização e aperfeiçoamento delas constituiriam acervos preciosos na composição da cultura de um determinado povo e seriam transmitidas e aperfeiçoadas pelas gerações seguintes.

Na relação com a natureza, a espécie humana modificou-se e criou formas de adaptação aos ambientes mais inóspitos. Para garantir a sobrevivência, roupas, habitações, alimentos e armas foram sendo criados, descobertos, utilizados e transformados. Organizados em tribos nômades, os homens primitivos dominavam as técnicas de caça e de criação de objetos de pedra. Dominaram a obtenção e o uso do fogo. Mais tarde, já assentados, reunidos em aldeias, desenvolveram tecnologias para a construção de ferramentas utilizando metais e cerâmicas diversas. Quando se tornaram agricultores, inventaram a metalurgia, o uso amplo da roda, o arado, os moinhos, os sistemas de irrigação, o uso da energia dos animais domesticados. Construíram grandes obras públicas e meios de transporte coletivos por terra e por mar. Fundaram cidades e criaram fábricas e máquinas. Desenvolveram formas diferenciadas para obtenção de energia: carvão, vapor, gás, eletricidade etc. O desenvolvimento tecnológico de cada época da civilização marcou a cultura e a forma de compreender a sua história. Todas essas descobertas serviram para o crescimento e desenvolvimento do acervo cultural da espécie humana. As diferentes etapas da evolução social resultam de muitas variáveis interdependentes, mas, na maioria das vezes, decorrem do descobrimento e da aplicação de novos conhecimentos e técnicas de trabalho e produção.

A evolução social do homem confunde-se com as tecnologias desenvolvidas e empregadas em cada época. Diferentes períodos da história da humanidade são historicamente reconhecidos pelo avanço tecnológico correspondente. As idades da pedra, do ferro e do ouro, por exemplo, correspondem ao momento histórico-social em que foram criadas "novas tecnologias" para o aproveitamento desses recursos da natureza, de forma a garantir melhor qualidade de vida. O avanço científico da humanidade amplia o conhecimento sobre esses recursos e cria permanentemente "novas tecnologias", cada vez mais sofisticadas.

A evolução tecnológica não se restringe apenas aos novos usos de determinados equipamentos e produtos. Ela altera comportamentos. A ampliação e a banalização do uso de determinada tecnologia impõem-se à cultura existente e transformam não apenas o comportamento individual, mas o de todo o grupo social. A descoberta da roda, por exemplo, transformou radicalmente as formas de deslocamento, redefiniu a produção, a comercialização e a estocagem de produtos e deu origem a inúmeras outras descobertas.

A economia, a política e a divisão social do trabalho refletem os usos que os homens fazem das tecnologias que estão na base do sistema produtivo em diferentes épocas. O homem transita culturalmente mediado pelas tecnologias que lhe são contemporâneas. Elas transformam sua maneira de pensar, sentir, agir.

Essa é também a maneira como pensa um grande escritor, Umberto Eco. Em um artigo, publicado no editorial do jornal *O Estado de S. Paulo*, Eco (2003) diz:

> Cada inovação tecnológica, cada passo adiante em direção ao progresso, sempre produziu desemprego e essa história começou com os tecelões do século 18, que quebravam as máquinas de tecer com medo de ficar sem trabalho. Imagino que o advento dos táxis tenha arruinado os cocheiros. Quando eu era criança e íamos para o campo, lembro-me de que o velho Pietro era chamado com sua carroça para

levar a minha família e as bagagens à estação. Em pouco tempo, apareceram os carros de praça e ele não tinha mais idade para tirar a carteira de motorista e se reciclar como taxista. Mas, naquela época, as inovações demoravam razoavelmente a chegar e Pietro só ficou desempregado quando estava perto de se aposentar. Hoje, as coisas estão mais rápidas. Imagino que o aumento da expectativa de vida poderia ter posto em crise os donos de funerárias e os coveiros, não fosse a lentidão do fenômeno e, quando se percebeu que havia menos pessoas de 60 anos para sepultar, já se deviam enterrar as pessoas de 80 anos que não haviam morrido aos 60. Portanto, o trabalho dessa categoria (por obra da premissa da mãe de todos os silogismos, "todos os homens são mortais") nunca deve faltar. Mas se um dia desses se descobrir, não digo a fonte da imortalidade, mas uma droga que aumente a expectativa de vida para 120 anos, certamente veremos os donos de funerárias saírem na rua pedindo subsídios ao governo. O problema é que a aceleração dos processos inovadores cada vez mais deixará na miséria categorias inteiras. Basta pensar na crise que se abateu sobre os técnicos de máquinas de escrever no arco dos anos 80. Ou eram jovens e espertos o bastante para se tornar especialistas em computadores ou estavam logo em maus lençóis.

Na atualidade, o surgimento de um novo tipo de sociedade tecnológica é determinado principalmente pelos avanços das tecnologias digitais de comunicação e informação e pela microeletrônica. Essas novas tecnologias – assim consideradas em relação às tecnologias anteriormente existentes –, quando disseminadas socialmente, alteram as qualificações profissionais e a maneira como as pessoas vivem cotidianamente, trabalham, informam-se e se comunicam com outras pessoas e com todo o mundo.

Tecnologias não são só "máquinas"

Estamos muito acostumados a nos referir a tecnologias como equipamentos e aparelhos. Na verdade, a expressão "tecnologia" diz respeito a muitas outras coisas além de máquinas. O conceito de tecnologias engloba a totalidade de coisas que a engenhosidade do cérebro humano conseguiu criar em todas as épocas, suas formas de uso, suas aplicações. Mais adiante, vou me dedicar a conceituar tecnologia. Neste momento, quero apenas mostrar que existem muitas tecnologias ao nosso redor que não são máquinas. Os exemplos mais próximos são as próteses – óculos e dentaduras – e os medicamentos. Fruto de descobertas para as quais contribuem os estudos de muitos cientistas das mais diversas áreas, são tecnologias que ajudam a espécie humana a viver mais e melhor.

Da mesma forma, existem outras tecnologias que não estão ligadas diretamente a equipamentos e que são muito utilizadas pela raça humana desde o início da civilização. A linguagem, por exemplo, é um tipo específico de tecnologia que não necessariamente se apresenta através de máquinas e equipamentos. A linguagem é uma construção criada pela inteligência humana para possibilitar a comunicação entre os membros de determinado grupo social. Estruturada pelo uso, por inúmeras gerações, e transformada pelas múltiplas interações entre grupos diferentes, a linguagem deu origem aos diferentes idiomas existentes e que são característicos da identidade de um determinado povo, de uma cultura.

Conceitos de tecnologias

Relação entre tecnologias, técnicas, equipamentos

É comum ouvirmos dizer que "na atualidade, as tecnologias invadem o nosso cotidiano". Alguns autores contemporâneos falam até que estamos vivendo em plena "sociedade tecnológica". Nos filmes de ficção científica, as chamadas civilizações tecnológicas são povoadas por robôs e outros equipamentos sofisticados, dotados de um alto grau de inteligência, em muito superior a do "homem comum". Na maioria das vezes, esses super-homens são criados por cientistas inescrupulosos que procuram de todas as maneiras dominar a raça humana e, para isso, contam com seus conhecimentos tecnológicos na criação de exércitos de ciborgues ou outras figuras semelhantes.

Essa visão literária e redutora do conceito de tecnologia – como algo negativo, ameaçador e perigoso – deixa aflorar um sentimento de medo. As pessoas se assustam com a possibilidade de que se tornem realidade as tramas ficcionais sobre o domínio do homem e da Terra pelas "novas e inteligentes tecnologias". Tecnologia, no entanto, não significa exatamente isso. Ao contrário, ela está em todo lugar, já faz parte das nossas vidas. As nossas atividades cotidianas mais comuns – como dormir, comer, trabalhar, nos deslocarmos para diferentes lugares, ler, conversar e nos divertirmos – são possíveis graças às tecnologias a que temos acesso. As tecnologias estão tão próximas e presentes que nem percebemos mais que não são coisas naturais. Tecnologias que resultaram, por exemplo, em lápis, cadernos, canetas, lousas, giz e muitos outros produtos, equipamentos e processos que foram planejados e construídos para que possamos ler, escrever, ensinar e aprender.

Da mesma forma, para todas as demais atividades que realizamos, precisamos de produtos e equipamentos resultantes de estudos, planejamentos e construções específicas, na busca de melhores formas de viver. Ao conjunto de conhecimentos e princípios científicos que se aplicam ao planejamento, à construção e à utilização de um equipamento em um determinado tipo de atividade, chamamos de "tecnologia". Para construir qualquer equipamento – uma caneta esferográfica ou um computador –, os homens precisam pesquisar, planejar e criar o produto, o serviço, o processo. Ao conjunto de tudo isso, chamamos de tecnologias.

Nas atividades cotidianas, lidamos com vários tipos de tecnologias. As maneiras, jeitos ou habilidades especiais de lidar com cada tipo de tecnologia, para executar ou fazer algo, chamamos de técnicas. Algumas técnicas são muito simples e de fácil aprendizado. São transmitidas de geração em geração e se incorporam aos costumes e hábitos sociais de um determinado grupo de pessoas. As técnicas ligadas a algumas atividades profissionais, por exemplo, a pesca, a produção de alimentos ou a elaboração de alguns tipos de atividades artesanais, variam muito entre os povos e identificam uma determinada cultura.

Segundo o *Dicionário de filosofia* de Nicola Abbagnano (1982, p. 906), a tecnologia é "o estudo dos processos técnicos de um determinado ramo de produção industrial ou de mais ramos". Já a técnica, no mesmo dicionário, "compreende todo conjunto de regras aptas a dirigir eficazmente uma atividade qualquer. A técnica, neste sentido, não se distingue nem da arte nem da ciência nem de qualquer processo ou operação para conseguir um efeito qualquer: o seu campo estende-se tanto quanto o das atividades humanas".

O conceito de novas tecnologias é variável e contextual. Em muitos casos, confunde-se com o conceito de inovação. Com a rapidez do desenvolvimento tecnológico atual, ficou difícil estabelecer o limite de tempo que devemos considerar para designar como "novos" os conhecimentos, instrumentos e procedimentos que vão aparecendo. O critério para a identificação de novas tecnologias pode ser visto pela sua natureza técnica e pelas estratégias de apropriação e de uso. Nesse sentido, segundo Busato (1999, p. 135), o rádio, "mais ouvido hoje nos *walkmans* ou nos carros do que em casa", é uma tecnologia rejuvenescida, mas não tão nova. Ao falarmos em novas tecnologias, na atualidade, estamos nos referindo, principalmente, aos processos e produtos relacionados com os conhe-cimentos provenientes da eletrônica, da microeletrônica e das teleco-municações. Essas tecnologias caracterizam-se por serem evolutivas, ou seja, estão em permanente transformação. Caracterizam-se também por terem uma base imaterial, ou seja, não são tecnologias materializadas em máquinas e equipamentos. Seu principal espaço de ação é virtual e sua principal matéria-prima é a informação.

Pense como seria a sua vida – e a de qualquer pessoa – se não tivéssemos as tecnologias nos ajudando a realizar as nossas atividades diárias. Eu não poderia agora, por exemplo, estar me comunicando com você, contando essa longa história de relacionamentos bem-sucedidos entre os homens e as tecnologias.

Referências bibliográficas

ABBAGNANO, N. (1982). *Dicionário de filosofia.* 2ª ed. São Paulo: Mestre Jou.

BUSATO, L.R. (1999). "O binômio comunicação e educação: Coexistência e competição". *In: Cadernos de Pesquisa,* n. 106. São Paulo: Fundação Carlos Chagas.

CASTELLS, M. (1999). *A sociedade em rede.* São Paulo: Paz e Terra.

COLETIVO NTC (1996). *Pensar-pulsar: Cultura comunicacional, tecnologias, velocidade*. São Paulo: Edições NTC.

ECO, U. (2003). "Alguns mortos a menos". *O Estado de S. Paulo*. Editorial, 10/8.

ILHARCO, F. (março de 2004). "A galáxia de Castells". *In*: http://jornal.publico.pt/publico/2004/02/09/EspacoPublico/O01.html.

LYOTARD, J.F. (1988). *O inumano. Considerações sobre o tempo*. Lisboa: Estampa.

_____ (1993). *Moralités postmodernes*. Paris: Galilée.

MOREIRA, R. (março de 2004). "Globalização e neoliberalismo". *In*: www.terravista.pt/meco/2673/pag1.htm.

REYNOL, F. (março de 2004). "Guerra fria promoveu a corrida tecnológica". *In*: *Guerra e ciência,* www.comciencia.br/reportagens/guerra/guerra07.htm.

2
TECNOLOGIAS TAMBÉM SERVEM PARA INFORMAR E COMUNICAR

Tecnologias de informação e comunicação: As TICs e NTICs

A necessidade de expressar sentimentos e opiniões e de registrar experiências e direitos nos acompanha desde tempos remotos. Para viabilizar a comunicação entre os seus semelhantes, o homem criou um tipo especial de tecnologia, a "tecnologia de inteligência", como é chamada por alguns autores. A base da tecnologia de inteligência é imaterial, ou seja, ela não existe como máquina, mas como linguagem. Para que essa linguagem pudesse ser utilizada em diferentes tempos e espaços, foram desenvolvidos inúmeros processos e produtos.

O processo de produção industrial da informação trouxe uma nova realidade para o uso das tecnologias da inteligência. Surgiram profissões que têm como foco de ação a comunicação de informações e o oferecimento de entretenimento. Novos meios de comunicação (mídias, derivado do inglês, *mass media* ou, em português, meios de comunicação de massa) ampliam o acesso a notícias e informações para todas as pessoas. Jornais, revistas, rádio, cinema, vídeo etc. são suportes midiáticos populares, com enorme penetração social. Baseados no uso da linguagem oral, da escrita e da síntese entre som, imagem e movimento, o processo de produção e o uso desses meios compreendem tecnologias específicas de informação e comunicação, as TICs.

O avanço tecnológico das últimas décadas garantiu novas formas de uso das TICs para a produção e propagação de informações, a interação e a comunicação em tempo real, ou seja, no momento em que o fato acontece. Surgiram, então, as novas tecnologias de informação e comunicação, as NTICs. Nessa categoria é possível ainda considerar a televisão e, mais recentemente, as redes digitais, a internet. Com a banalização do uso dessas tecnologias, o adjetivo "novas" vai sendo esquecido e todas são chamadas de TICs, independentemente de suas características. Cada uma, no entanto, tem suas especificidades. É o que veremos a seguir, em um conceito mais abrangente, que é o das linguagens com que TICs e NTICs se expressam.

A linguagem oral

A mais antiga forma de expressão, a linguagem oral, é uma construção particular de cada agrupamento humano. Por meio de signos comuns de voz, que eram compreendidos pelos membros de um mesmo grupo, as pessoas se comunicavam e aprendiam. A fala possibilitou o estabelecimento de diálogos, a transmissão de informações, avisos e notícias. A estruturação da forma particular de fala, utilizada e entendida por um grupo social, deu origem aos idiomas. O uso regular da fala definiu a cultura e a forma de transmissão de conhecimentos de um povo. Essa oralidade primária, que nomeia, define e delimita o mundo a sua volta, cria também uma concepção particular de espaço e de tempo.

No início da civilização, nas sociedades orais, a localização fisicamente próxima dos homens que utilizavam a mesma "fala" definia o espaço da tribo e da cultura. A oralidade primária requeria a presença e a proximidade entre os interlocutores. Incorporada aos sistemas corporais, a linguagem falada limitava o homem ao espaço do seu grupo, onde ele circulava e se comunicava. Em cantos, poesias, na narrativa de lendas e histórias da tribo, os homens perpetuavam a memória do grupo, sua cultura e identidade para as gerações seguintes. Na atualidade, ainda é a linguagem oral a nossa principal forma de comunicação e de troca de informações.

Na atual e "nova" sociedade oral, é também pelo apelo à afetividade, mais do que à razão, que se pretende fixar informações. Em programas de rádio e televisão, o apelo à repetição e à memorização de músicas, *jingles* e falas de personagens ficcionais tem como meta a apresentação de ideias, informações, valores e comportamentos que permaneçam. Em um ritual muito semelhante ao que ocorria nas rodas em torno da fogueira nos grupos primitivos, as pessoas se sentam em torno da televisão para se informar e se distrair. Locutores e artistas assumem papéis importantes na formação de opinião dos ouvintes e espectadores.

Na escola, professores e alunos usam preferencialmente a fala como recurso para interagir, ensinar e verificar a aprendizagem. Em muitos casos, o aluno é o que menos fala. A voz do professor, a televisão e o vídeo e outros tipos de "equipamentos narrativos" assumem o papel de "contadores de histórias" e os alunos, de seus "ouvintes". Por meio de longas narrativas orais, a informação é transmitida, na esperança de que seja armazenada na memória e aprendida. A sociedade oral, de todos os tempos, aposta na memorização, na repetição e na continuidade.

A linguagem escrita

A criação e o uso da escrita como tecnologia de comunicação surgem quando os homens deixam de ser nômades e passam a ocupar de forma mais permanente um determinado espaço, onde praticam a agricultura. A temporalidade prevista da plantação e da colheita interfere na criação de suportes para a escrita. Segundo um autor francês, Pierre Lévy, a própria origem da palavra *página* viria de *pagus*, o campo arado e preparado para o plantio. A disposição das linhas na página estaria também ligada à simetria do campo cultivado.

Ao contrário das sociedades orais, onde predominavam a repetição e a memorização como formas de aquisição de conhecimentos, na sociedade da escrita há necessidade de compreensão do que está sendo comunicado graficamente. Existe uma distância – correspondente ao plantar e colher da agricultura – entre a pessoa que escreve e a que lê e interpreta o escrito. Os tempos em que ocorrem esses dois processos – escrever e ler – podem estar defasados de muitos séculos, milênios até. Você pode ler um livro que foi originalmente escrito há muitos anos, séculos talvez. A *Bíblia*, o livro mais lido em todos os tempos, foi escrita há muitos milênios. Só uma parte dela, a mais nova, o "Novo Testamento", a maior obra escrita do Cristianismo, tem cerca de dois mil anos de existência. Esse é um exemplo para que você note que o conceito de "novo" – seja num livro, seja numa tecnologia –, como as NTICs, pode variar bastante. Em ambos os casos, o adjetivo "novo" está sendo usado para diferenciar o livro ou a tecnologia de todos os demais que existiam anteriormente.

Os primeiros registros gráficos do pensamento humano foram encontrados em materiais como paredes de cavernas, ossos, pedras e peles de animais. Muitos outros materiais foram utilizados como suporte para a escrita antes da invenção do papel. Os egípcios criaram um tipo especial de papel chamado *papiro* que, pelo seu uso generalizado, acabou por também denominar o tipo de documento que nele era escrito. Nos papiros eram registrados documentos funerários, legais, administrativos e literários que, milhares de anos depois, foram encontrados pelos arqueólogos em escavações e ofereceram a base de informações sobre a vida no antigo Egito.

Um outro tipo caro e raro de papel, o pergaminho, feito de pele de ovelha, era utilizado por nobres e senhores ricos para registro de seus bens. O papel, como o conhecemos hoje, foi inventado pelos chineses há mais de dois mil anos, a partir da cortiça da amoreira, árvore onde se aninham os bichos-da-seda. Comerciantes e navegadores viajavam até o Oriente para buscar esse tipo de papel. Em meados do século XIII, Itália e Espanha iniciaram a fabricação e, logo após, toda a Europa começou a fabricar papel. A disseminação da produção do papel na Europa estimulou a escrita e a impressão de livros. Muitas foram as formas de impressão gráfica que surgiram. Em 1450, Gutenberg, na Alemanha, inventa um molde de composição tipográfica para confeccionar tipos móveis em metal. Era a descoberta de uma nova tecnologia de impressão gráfica que iria revolucionar a cultura e os costumes desde então. A possibilidade de produção em série de impressos em papel viabilizou a existência de jornais, revistas e livros e contribuiu para a democratização do acesso às informações.

A partir da escrita se dá a autonomia da informação. Já não há necessidade da presença física do autor ou do narrador para que o fato seja comunicado. Por outro lado, as informações são muitas vezes apreendidas de acordo com o contexto em que se encontra o leitor. A análise do escrito, distante do calor do momento em que o texto foi produzido, é realizada com base na compreensão de quem o lê. Essa separação entre tempos e espaços de escrita e leitura gera versões e interpretações diferenciadas para o mesmo texto.

A complexidade dos códigos da escrita e o domínio das representações alfabéticas criam uma hierarquia social, da qual são excluídos todos os "iletrados", os analfabetos. A escrita reorienta a estrutura social, legitimando o conhecimento valorizado pela escolaridade como mecanismo de poder e de ascensão. As pessoas precisam ir à escola para aprender a ler e escrever, pelo menos, e irão receber certificados – legitimados socialmente – que informem o grau de estudos alcançados.

A tecnologia da escrita, interiorizada como comportamento humano, interage com o pensamento, libertando-o da obrigatoriedade de memorização permanente. Torna-se, assim, ferramenta para a ampliação da memória e para a comunicação. Em seu uso social, como tecnologia de informação e comunicação, os fatos da vida cotidiana são contados em biografias, diários, agendas, textos e redações. Como tecnologia auxiliar ao pensamento, possibilita ao homem a exposição de suas ideias, deixando-o mais livre para ampliar sua capacidade de reflexão e apreensão da realidade.

A linguagem digital

A terceira linguagem articula-se com as tecnologias eletrônicas de informação e comunicação. A linguagem *digital* é simples, baseada em códigos binários, por meio dos quais é possível informar, comunicar, interagir e aprender. É uma linguagem de síntese, que engloba aspectos da oralidade e da escrita em novos contextos. A tecnologia digital rompe com as formas narrativas circulares e repetidas da oralidade e com o encaminhamento contínuo e sequencial da escrita e se apresenta como um fenômeno descontínuo, fragmentado e, ao mesmo tempo, dinâmico, aberto e veloz. Deixa de lado a estrutura serial e hierárquica na articulação dos conhe-cimentos e se abre para o estabelecimento de novas relações entre conteúdos, espaços, tempos e pessoas diferentes.

A base da linguagem digital são os *hipertextos*, sequências em camadas de documentos interligados, que funcionam como páginas sem numeração e trazem informações variadas sobre determinado assunto. Vai depender da ação de cada pessoa o avanço nas informações disponíveis, aprofundando e detalhando cada vez com maior profundidade o nível de informações sobre determinado assunto. Para alguns, é possível "navegar" nas páginas e ter uma ideia superficial sobre o tema em uma leitura rápida, de apenas cinco minutos, por exemplo. Se houver mais interesse, é possível clicar em sequência nas páginas e aprofundar as informações sobre o assunto, até quando se achar que já é suficiente. Isso pode demorar horas, dias ou anos a fio. Para fazer o texto deste livro, por exemplo, fora meus conhecimentos anteriores sobre o assunto, foi preciso pesquisar muito, dentro e fora da internet, para atualizar dados, conseguir novas informações e realizar diversos tipos de consultas a bancos de dados espalhados por todo o mundo. Tudo isso só foi possível por meio dos recursos que a tecnologia digital tem proporcionado para informar e comunicar.

O hipertexto é uma evolução do texto linear na forma como o conhecemos. Se no meio desse encadeamento de textos houver outras mídias – fotos, vídeos, sons etc. –, o que se tem é um documento multimídia ou, como é mais conhecido, uma *hipermídia.*

Hipertextos e hipermídias reconfiguram as formas como lemos e acessamos as informações. A facilidade de navegação, manipulação e a liberdade de estrutura estimulam a parceria e a interação com o usuário. Ao ter acesso ao hipertexto, você não precisa ler tudo o que aparece na tela para depois seguir em frente. A estrutura do hipertexto permite que você salte entre os vários tipos de dados e encontre em algum lugar a informação de que precisa. Com a hipermídia, acessam-se informações em uma variedade enorme de formatos. É possível assistir a um vídeo, ver imagens de vários ângulos, fotos, desenhos, textos, sons, poesias; enfim, hipertextos e hipermídias realizam sínteses e se articulam. Mas é você que dá os saltos entre os muitos tipos de informação disponíveis e define o caminho que mais lhe interessa para aprender.

A linguagem digital, expressa em múltiplas TICs, impõe mudanças radicais nas formas de acesso à informação, à cultura e ao entretenimento. O poder da linguagem digital, baseado no acesso a computadores e todos os seus periféricos, à internet, aos jogos eletrônicos etc., com todas as possibilidades de convergência e sinergia entre as mais variadas aplica-ções dessas mídias, influencia cada vez mais a constituição de conheci-mentos, valores e atitudes. Cria uma nova cultura e uma outra realidade informacional.

A confluência das tecnologias, o híbrido tecnológico

A convergência das tecnologias de informação e comunicação para a configuração de uma nova tecnologia, a digital, provocou mudanças radicais. Por meio das tecnologias digitais é possível representar e processar qualquer tipo de informação. Nos ambientes digitais reúnem-se a computação (a informática e suas aplicações), as comunicações (transmissão e recepção de dados, imagens, sons etc.) e os mais diversos tipos, formas e suportes em que estão disponíveis os conteúdos (livros, filmes, fotos, músicas e textos). É possível articular telefones celulares, computadores, televisores, satélites etc. e, por eles, fazer circular as mais diferenciadas formas de informação. Também é possível a comunicação em tempo real, ou seja, a comunicação simultânea, entre pessoas que estejam distantes, em outras cidades, em outros países ou mesmo viajando no espaço.

Uma imensa e complexa rede de meios de comunicação, instalada em quase todos os países do mundo, interliga pessoas e organizações permanentemente. Um único e principal fenômeno tecnológico, a internet, possibilita a comunicação entre pessoas para os mais diferenciados fins: fazer negócios, trocar informações e experiências, aprender juntas, desenvolver pesquisas e projetos, namorar, jogar, conversar, enfim, viver novas vidas, que podem ser partilhadas em pequenos grupos ou comunidades, virtuais.

Essas novas tecnologias digitais ampliaram de forma considerável a velocidade e a potência da capacidade de registrar, estocar e representar a informação escrita, sonora e visual. Lançamentos de novos *softwares*, com capacidade cada vez maior de armazenar dados e menor tamanho, ocorrem a todo instante. Objetos pequenos – do tamanho de chaveiros e cartões de visita – conseguem armazenar uma quantidade enorme de dados na forma de imagens, textos e sons. Estas são tendências das novas tecnologias: a diminuição do tamanho dos suportes e a potencialização de suas capacidades.

O avanço das tecnologias digitais de informação e comunicação produz o aumento constante da presença de mensagens textuais, sonoras e visuais em nossas vidas. Passamos a ter uma relação mais pessoal e dinâmica com a informação e interação mais frequente com as fontes, sejam elas pessoas ou bancos de dados localizados em qualquer lugar do mundo. Graças às articulações entre a informática e as telecomunicações, é possível, hoje, por redes de cabos, satélites, fibras etc., o intercâmbio entre pessoas e máquinas a qualquer tempo, em qualquer lugar.

Redes

Ao acessar a internet, a qualquer momento, você já não precisa ficar sozinho diante da tela do computador. Em salas de bate-papo, *sites* de relacionamentos, grupos de discussão, é possível o acesso a muitas outras pessoas que, como você, estão querendo conversar, trocar ideias, pedir ajuda, enfim, "teclar", interagir.

As redes, mais do que uma interligação de computadores, são articulações gigantescas entre pessoas conectadas com os mais diferenciados objetivos. A internet é o ponto de encontro e dispersão de tudo isso. Chamada de rede das redes, a internet é o espaço possível de integração e articulação de todas as pessoas conectadas com tudo o que existe no espaço digital, o *ciberespaço*.

Para que isso pudesse acontecer, no entanto, foi preciso que o avanço tecnológico conseguisse reunir diversos computadores para transmitir todos os tipos de dados uns aos outros. Um processo tecnologicamente simples (que une o computador, a linha telefônica, um *modem*, provedores de acesso e navegadores) tornou possível transformar o espaço de ação finito dos computadores em um novo ambiente, um novo espaço virtual, o ciberespaço, com uma outra cultura, a cibercultura, e uma nova ética.

Interatividade, essa é a nova função que garante a comunicação entre computadores ligados em rede. A interatividade digital ocorre graças à ligação de computadores com as linhas telefônicas por meio de um novo tipo de equipamento, o *modem*. A linguagem dos computadores – a *informática* – agrega-se à *telecomunicação* (telefone, satélites etc.) e dá origem a uma nova área de conhecimento e de ação, a *telemática*, que estuda e desenvolve projetos para o avanço cada vez maior das possibilidades de interação comunicativa entre pessoas e o acesso à informação via redes digitais.

De acordo com o escritor Manoel Castells, o processo que ocorre nesse novo modo de desenvolvimento pelas redes é caracterizado por três estágios: a automação de tarefas (racionalização dos processos existentes); a experimentação de usos (inovações) e a reconfiguração de aplicações (implementação de novos processos, criando novas tarefas). Como a matéria-prima fundamental das novas tecnologias é a informação, cada novidade tecnológica pode se tornar instantaneamente a matéria-prima para o próximo ciclo do desenvolvimento, contribuindo para o aumento da rapidez do processo de inovação.

Essa nova lógica das redes influencia as mudanças nas organizações, flexibiliza as hierarquias internas e altera os sistemas de competição e cooperação. No campo empresarial, nota-se a velocidade com que as empresas se aglutinam e se deslocam em "consórcios" globalizados, de acordo com os interesses específicos de cada momento e em cada lugar. As condições de trabalho nas empresas também se alteram. A linha de produção em massa dá lugar à individualização do trabalho e à flexibilização do emprego. Na sociedade da informação, como é compreendido o atual momento que vivemos, funções e processos dominantes estão cada vez mais organizados em torno dessas redes.

Igrejas, bancos, papelarias, restaurantes, padarias, escolas, hospitais, clubes e todos os espaços sociais se articulam e trocam informações via redes. Através delas, você pode pagar contas, contratar serviços, reunir-se com amigos, realizar atividades de trabalho, participar de grupos e comunidades diversas, jogar com parceiros virtuais, namorar, ver vídeos e filmes, ouvir músicas e se divertir, e muito mais.

Totalmente baseadas em tecnologias digitais de informação e comunicação, as redes possuem lógica própria, que, de acordo com Manoel Castells, "modifica de forma substancial a operação e os resultados dos processos produtivos e de experiência, poder e cultura" (1999, p. 51). A natureza tecnológica da rede, porém, apesar de decisiva, não é o essencial. O essencial é o novo modelo de "virtualidade real" (p. 497), como lhe chama Castells, desenvolvido sobre quantidades imensas de informação tecnológica constantemente em evolução, em modelação e em inovação. A possibilidade instantânea de qualquer pessoa informar e estar informada pelos desenvolvimentos da rede é que faz a diferença.

Qualquer um pode ser membro da rede, desde que domine a linguagem de cada tipo de atividade. A dificuldade é saber quais são as competências suficientes para dominar o processo. Como o avanço tecnológico é intenso e contínuo, os usuários das redes precisam estar abertos para as inovações, em estado de permanente aprendizagem. Uma das condições necessárias, mas não suficientes, é o domínio das habilidades técnicas para o uso do computador e a compreensão de pelo menos um idioma estrangeiro, o inglês principalmente. Isso porque os espaços na rede, na grande maioria, estão escritos em inglês. Mesmo com a produção crescente de *sites* e páginas em todas as outras línguas, o número de informações em inglês na internet é de mais de 80% de todo o conteúdo das redes. Portanto, o conhecimento desse idioma, ainda que superficial, é necessário.

A capacidade de participar efetivamente da rede, na atualidade, define o poder de cada pessoa em relação ao seu próprio desenvolvimento e conhecimento. Mais do que as infraestruturas físicas, o *hardware*, equipamentos e tecnologias que viabilizam o acesso, a necessidade das infra-estruturas de *software*, das pessoas – o conhecimento, o tempo, a dedicação, a motivação – e do envolvimento ampliado nesse novo modelo de sociedade fazem a diferença.

O avanço das tecnologias digitais define novos poderes com base nas condições e na velocidade de acesso às informações disponíveis nas redes. O acesso em *banda larga*, por exemplo, é feito por qualquer conexão acima da velocidade padrão dos *modems* analógicos (56 Kbps), com estabilidade e qualidade. Quanto maior for a velocidade, maior será a estabilidade da conexão e melhor a qualidade do acesso a programas com sons, imagens, vídeos, ambientes tridimensionais etc. A outra forma de conexão à internet, por linha discada, também denominada *dial-up*, é um tipo de acesso no qual a pessoa precisa usar *modem* e linha telefônica, tem menor velocidade, o que inviabiliza o acesso a programas mais sofisticados (com vídeos, sons, animações etc.).

Televisão digital

A televisão digital é uma inovação tecnológica que garante ao telespectador alta definição de imagem e som. Sua transmissão pode ser feita por via terrestre, através de ondas de radiofrequência, por satélite, cabo ou internet. Articulado à internet, esse sistema utiliza conexões de alta velocidade para transmitir os sinais digitais. Entre suas vantagens estão a coexistência automática das tecnologias já conhecidas de internet (*web*, *e-mail* etc.), com o envio de vídeo e áudio, e das formas de recepção da televisão. Proporciona, assim, a transmissão e recepção de maior quantidade de conteúdo por uma mesma frequência, com alta qualidade na imagem e no som.

O que há de novo com a TV digital? – A televisão digital traz várias inovações para os seus usuários. Algumas, de aspecto técnico, dizem respeito às novas condições de acesso, como, por exemplo, o formato da tela – panorâmico, mais próximo das boas telas de projeção dos cinemas. Ao tamanho da tela, agrega-se a melhor resolução da imagem, com cerca de 1.080 linhas de vídeo (contra cerca de 600 linhas dos monitores analógicos de boa qualidade) e o uso de seis canais de som. Em termos técnicos, o grande desafio dessa tecnologia é o de prover conexões de alta velocidade que não podem ser inferiores a 50 Mbps para uma recepção satisfatória.

Os aspectos mais importantes e inovadores da TV digital, no entanto, estão nas condições de acessibilidade e interatividade que ela proporciona. Essa interatividade oferece inúmeras funcionalidades. O usuário pode interagir livremente com os dados recebidos pela televisão e que ficam armazenados no seu receptor; pode ainda receber os dados pelo sistema de televisão e interagir, responder ou trocar informações sobre eles por uma rede à parte, como uma linha telefônica, por exemplo. Com a expansão das redes de banda larga, o canal de retorno pode ser feito pelo próprio sistema televisivo. Para isso, o usuário da TV digital necessita não apenas de antenas receptoras, mas também de antenas transmissoras, e o sistema deve ter capacidade para transportar esses sinais até a central de transmissão.

Quanto à acessibilidade, a televisão digital pode facilitar a gravação automática de programas e permitir que o usuário escolha a hora de assistir ao programa que desejar. O sistema prevê também a possibilidade de transmissão de um mesmo programa em horários descontínuos (um filme, por exemplo, iniciando de 15 em 15 minutos) em diversos canais, o que amplia as oportunidades das pessoas de assistir ao programa desejado no horário mais conveniente.

A nova lógica tecnológica, mudando o mundo

As novas TICs não são apenas meros suportes tecnológicos. Elas têm suas próprias lógicas, suas linguagens e maneiras particulares de comunicar-se com as capacidades perceptivas, emocionais, cognitivas, intuitivas e comunicativas das pessoas.

A televisão digital oferece condições de interação e manipulação personalizadas das informações. Mesmo o sistema televisivo analógico, tradicional, oferece formas diferenciadas de interação com os telespectadores. Ver um programa em um canal de televisão comercial, por exemplo, ao contrário de ser uma atividade passiva e alienada, pode ser uma forma de integração entre o telespectador e o programa, seja um filme, um jogo, uma competição esportiva, uma novela ou um telejornal. Dependendo da motivação e do interesse de quem assiste, envolver-se no programa televisivo é interagir permanentemente com as imagens apresentadas na tela. Em um processo dinâmico e veloz, as imagens são construídas em nossa mente com base nos estímulos visuais oferecidos. Motivados, reagimos fisicamente às cenas e informações que surgem. Sorrimos, choramos e nos emocionamos, ou nos contraímos de medo ou vibramos de alegria. As imagens e os sons reunidos provocam nossos sentidos e emoções. A grande diferença é que a mídia televisiva – como todas as demais formas midiáticas não interativas – encaminha a comunicação de forma unidirecional, ou seja, de um único emissor para muitos espectadores. Mesmo nos atuais programas interativos de televisão, o espectador pode opinar e interagir dentro de um limite definido de opções dispostas pela programação.

Quando participamos de jogos interativos pelo computador ou entramos em salas de bate-papo ou fóruns, quando conversamos por *e-mail* ou ICQ, estamos vivenciando novos tipos de interação, em que estão presentes muito mais do que a nossa capacidade de comunicação e de relação social. Conhecimentos, habilidades, valores, percepções e sentimentos são solicitados para chegar à melhor maneira de responder às solicitações nos jogos ou nos diálogos com outras pessoas. Não há limites previstos para os nossos desempenhos.

As inúmeras redes e comunidades virtuais não são formadas por aglomerações de pessoas ou instituições com características semelhantes e que funcionam dentro dos mesmos fluxos dos processos produtivos, como ocorria na sociedade industrial, na fabricação em série de produtos. As redes não têm centro ou liderança. Funcionam articulando uma diversidade de elementos (redes ou *nós*) conectados e em permanente movimento. Esses elementos podem ser pessoas, organizações e uma infinidade de outras redes – locais, como as intranets; fechadas, como as redes bancárias; públicas ou abertas – englobadas na internet.

Os espaços de fluxo das redes são constituídos pela conexão e integração entre todas as redes que remetem, por meio de *links*, umas às outras, incessantemente, embora mantenham sua independência e individualidade. São também constituídos e determinados pelas características técnicas (o *hardware*) dos computadores, que definem a capacidade de informação a ser acessada e a velocidade em que vão ocorrer as conexões.

O espaço de fluxo da rede não obedece a coordenadas de tempo e espaço ou a uma organização social estruturada e definida. Seu tempo é o do momento da exposição e pode ser conectado com o passado ou o futuro; seu espaço é reconfigurado a todo instante, de acordo com a perspectiva e os objetivos dos usuários, e pode variar da distância zero (nas simulações intracorporais, por exemplo) até o infinito.

Educação e tecnologias 39

No espaço de fluxo das redes circulam basicamente *informações*, que podem ser conectadas como se apresentam, mixadas, recortadas, combinadas, ampliadas, fundidas, de acordo com os interesses e as necessidades de quem as acesse. Além disso, esse novo espaço pode ligar-se ao espaço físico, estabelecendo as mais variadas e amplas recombinações (realidade virtual, por exemplo). Ele influi no comportamento de pessoas e organizações, que se esforçam para acompanhar a flexibilidade e velocidade de suas alterações e movimentos. No entanto, essas pessoas vivem no mundo físico, o *espaço dos lugares*, e não conseguem garantir às suas vidas as características do espaço de fluxo, embora tentem. A nova lógica das redes interfere nos modos de pensar, sentir, agir, de se relacionar socialmente e adquirir conhecimentos. Cria uma nova cultura e um novo modelo de sociedade.

Estamos vivendo uma nova era, em que transações comerciais são realizadas de maneira globalizada, ao mesmo tempo, entre organizações e pessoas localizadas nos mais diversos cantos do planeta. Cientistas de todo o mundo se reúnem virtualmente para realizar pesquisas e discutir resultados. Grandes volumes de dados são transmitidos, transferidos de lugares distantes em questão de segundos, transformando o planeta numa imensa rede global.

Neste novo momento social, o elemento comum aos diversos aspectos de funcionamento das sociedades emergentes é o tecnológico. Um "tecnológico" muito diferente, baseado numa nova cultura, a digital. A ciência, hoje, na forma de tecnologias, altera o cotidiano das pessoas e coloca-se em todos os espaços. Dessa forma, transforma o ritmo da produção histórica da existência humana. No momento em que o ser humano se "apropria" de uma (parte da) "técnica", ela já foi substituída por outra, mais avançada, e assim sucessivamente.

As TICs evoluem com muita rapidez. A todo instante surgem novos processos e produtos diferenciados e sofisticados: telefones celulares, *softwares*, vídeos, computador multimídia, internet, televisão interativa, *videogames* etc. Esses produtos, no entanto, não são acessíveis a todas as pessoas, pelos seus altos preços e necessidade de conhecimentos específicos para sua utilização. A velocidade das alterações no universo informacional exige atualização permanente. Para que todos possam ter informações que lhes garantam a utilização confortável das novas tecnologias é preciso um grande esforço educacional geral. Como as tecnologias estão em permanente mudança, a aprendizagem por toda a vida torna-se consequência natural do momento social e tecnológico em que vivemos. Já não há um momento determinado em que qualquer pessoa possa dizer que não há mais o que aprender. Ao contrário, a sensação é a de que quanto mais se aprende mais há para estudar, para se atualizar.

As alterações sociais decorrentes da banalização do uso das tecnologias eletrônicas de informação e comunicação e do acesso a elas atingem todas as instituições e espaços sociais. Na era da informação, comportamentos, práticas, informações e saberes se alteram com extrema velocidade. Um saber ampliado e mutante caracteriza o estágio do conhecimento na atualidade. Essas alterações refletem-se sobre as tradicionais formas de pensar e fazer educação. Abrir-se para novas educações, resultantes de mudanças estruturais nas formas de ensinar e aprender possibilitadas pela atualidade tecnológica, é o desafio a ser assumido por toda a sociedade.

Referências bibliográficas

CASTELLS, M. (1999). *A sociedade em rede*. São Paulo: Paz e Terra.

ILHARCO, F. (2004). "A galáxia de Castells". http://jornal.publico.pt/publico/2004/02/09/EspacoPublico/O01.html. Acesso em 24/3/04.

KENSKI, V. (1998). "Novas tecnologias, o redimensionamento do espaço e do tempo e os impactos no trabalho docente". *Revista Brasileira de Educação*, n. 8. São Paulo: Ação Educativa/Anped.

KERCKHOVE, D. (1997). *A pele da cultura. Uma investigação sobre a nova realidade eletrônica*. Lisboa: Relógio D'Água.

_____ (1999). *Connected intelligence: The arrival of the web society*. Toronto: Somerville House Books.

LÉVY, P. (1993). *As tecnologias da inteligência. O futuro do pensamento na era da informática*. Rio de Janeiro: Editora 34.

_____ (1999). *Cibercultura*. Rio de Janeiro: Editora 34.

NEITZEL, L.C. (2004). "O *bit* na galáxia de Gutenberg". www.geocities.com/Athens/Sparta/1350/bit.html. Acesso em 24/3/04.

TORTAJADA, J. e PELAEZ, A. (orgs.) (1997). *Ciencia, tecnología y sociedad*. Madri: Sistema.

WIKIPÉDIA. http://pt.wikipedia.org/wiki/. Acesso em 10/8/06.

3
TECNOLOGIAS TAMBÉM SERVEM PARA FAZER EDUCAÇÃO

Assim como na guerra, a tecnologia também é essencial para a educação. Ou melhor, educação e tecnologias são indissociáveis. Segundo o dicionário *Aurélio*, a educação diz respeito ao "processo de desen-volvimento da capacidade física, intelectual e moral da criança e do ser humano em geral, visando à sua melhor integração individual e social". Para que ocorra essa integração, é preciso que conhecimentos, valores, hábitos, atitudes e comportamentos do grupo sejam ensinados e aprendidos, ou seja, que se utilize a educação para ensinar sobre as tecnologias que estão na base da identidade e da ação do grupo e que se faça uso delas para ensinar as bases dessa educação.

Podemos também ver a relação entre educação e tecnologias de um outro ângulo, o da socialização da inovação. Para ser assumida e utilizada pelas demais pessoas, além do seu criador, a nova descoberta precisa ser ensinada. A forma de utilização de alguma inovação, seja ela um tipo novo de processo, produto, serviço ou comportamento, precisa ser informada e aprendida. Todos nós sabemos que a simples divulgação de um produto novo pelos meios publicitários não mostra como o usuário deve fazer para utilizar plenamente seus recursos. Um computador, por exemplo. Não basta adquirir a máquina, é preciso aprender a utilizá-la, a descobrir as melhores maneiras de obter da máquina auxílio nas necessidades de seu usuário. É preciso buscar informações, realizar cursos, pedir ajuda aos mais experientes, enfim, utilizar os mais diferentes meios para aprender a se relacionar com a inovação e ir além, começar a criar novas formas de uso e, daí, gerar outras utilizações. Essas novas aprendizagens, quando colocadas em prática, reorientam todos os nossos processos de descobertas, relações, valores e comportamentos.

Uma vez assimilada a informação sobre a inovação, nem a consideramos mais como tecnologia. Ela se incorpora ao nosso universo de conhecimentos e habilidades e fazemos uso dela na medida de nossas possibilidades e necessidades. McLuhan, o grande teórico da comunicação, já dizia, nos anos 1970, que as tecnologias tornam-se invisíveis à medida que se tornam mais familiares.

Pense um pouco em quantos processos e produtos você usa naturalmente em seu cotidiano e em como teve de se esforçar para aprender a utilizá-los. Talvez você já nem os perceba como "tecnologias" que, em um determinado momento, revolucionaram a sua maneira de pensar, sentir e agir. Muitas outras pessoas, como você, passaram por esse mesmo processo, incorporaram inovações em suas vidas e, hoje, não conseguem mais viver sem elas. Assim, podemos ver que existe uma relação direta entre educação e tecnologias. Usamos muitos tipos de tecnologias para aprender e saber mais e precisamos da educação para aprender e saber mais sobre as tecnologias.

A maioria das tecnologias é utilizada como auxiliar no processo educativo. Não são nem o objeto, nem a sua substância, nem a sua finalidade. Elas estão presentes em todos os momentos do processo pedagógico, desde o planejamento das disciplinas, a elaboração da proposta curricular até a certificação dos alunos que concluíram um curso. A presença de uma determinada tecnologia pode induzir profundas mudanças na maneira de organizar o ensino. Um pequeno exemplo disso é o ensino de um idioma baseado exclusivamente nos livros didáticos e na pronúncia da professora, em aulas expositivas. Ele será bem diferente do mesmo ensino realizado com apoio docente, mas com a possibilidade de diálogos, conversas e trocas comunicativas entre os alunos, o uso de vídeos, fitas cassete e laboratórios interativos, por exemplo.

Da mesma forma, a organização do espaço, do tempo, o número de alunos que compõe cada turma e os objetivos do ensino podem trazer mudanças significativas para as maneiras como professores e alunos irão utilizar as tecnologias em suas aulas. A escolha de determinado tipo de tecnologia altera profundamente a natureza do processo educacional e a comunicação entre os participantes. Uma classe cheia de alunos, a aula dada em anfiteatros exigem alguns recursos tecnológicos – microfones, projetores etc. – muito diferentes dos utilizados para o ensino dos mesmos conteúdos para grupos pequenos, em interação permanente.

Mídias e educação: Mediações e movimentações

As novas tecnologias de comunicação (TICs), sobretudo a televisão e o computador, movimentaram a educação e provocaram novas mediações entre a abordagem do professor, a compreensão do aluno e o conteúdo veiculado. A imagem, o som e o movimento oferecem informações mais realistas em relação ao que está sendo ensinado. Quando bem utilizadas, provocam a alteração dos comportamentos de professores e alunos, levando-os ao melhor conhecimento e maior aprofundamento do conteúdo estudado. As tecnologias comunicativas mais utilizadas em educação, porém, não provocam ainda alterações radicais na estrutura dos cursos, na articulação entre conteúdos e não mudam as maneiras como os professores trabalham didaticamente com seus alunos. Encaradas como *recursos* didáticos, elas ainda estão muito longe de serem usadas em todas as suas possibilidades para uma melhor educação.

Por mais que as escolas usem computadores e internet em suas aulas, estas continuam sendo seriadas, finitas no tempo, definidas no espaço restrito das salas de aula, ligadas a uma única disciplina e graduadas em níveis hierárquicos e lineares de aprofundamento dos conhecimentos em áreas específicas do saber. Professores isolados desenvolvem disciplinas isoladas, sem maiores articulações com temas e assuntos que têm tudo a ver um com o outro, mas que fazem parte dos conteúdos de uma outra disciplina, ministrada por um outro professor. E isso é apenas uma pequena parte do problema para a melhoria do processo de ensino.

Não há dúvida de que as novas tecnologias de comunicação e informação trouxeram mudanças consideráveis e positivas para a educação. Vídeos, programas educativos na televisão e no computador, *sites* educacionais, *softwares* diferenciados transformam a realidade da aula tradicional, dinamizam o espaço de ensino-aprendizagem, onde, anteriormente, predominava a lousa, o giz, o livro e a voz do professor. Para que as TICs possam trazer alterações no processo educativo, no entanto, elas precisam ser compreendidas e incorporadas pedagogicamente. Isso significa que é preciso respeitar as especificidades do ensino e da própria tecnologia para poder garantir que o seu uso, realmente, faça diferença. Não basta usar a televisão ou o computador, é preciso saber usar de forma pedagogicamente correta a tecnologia escolhida.

Mais importante que as tecnologias, que os procedimentos pedagógicos mais modernos, no meio de todos esses movimentos e equipamentos, o que vai fazer diferença qualitativa é a capacidade de adequação do processo educacional aos objetivos que levaram você, pessoa, usuário, leitor, aluno, ao encontro desse desafio de aprender. A sua história de vida, os conhecimentos anteriores, os objetivos que definiram a sua participação em uma disciplina e a sua motivação para aprender este ou aquele conteúdo, desta ou daquela maneira, são fundamentais para que a aprendizagem aconteça. As mediações feitas entre o seu desejo de aprender, o professor que vai auxiliar você na busca dos caminhos que levem à aprendizagem, os conhecimentos que são a base desse processo e as tecnologias que vão lhe garantir o acesso a esses conhecimentos, bem como as articulações com eles configuram um processo de interações que define a qualidade da educação.

As redes digitais e as rupturas no ensinar, aprender e viver

Vivemos em um novo momento tecnológico, em que as redes digitais – tornadas possíveis graças ao aumento da velocidade de acesso e à ampliação da largura da banda de transmissão de dados, voz, imagens etc. – e, principalmente, a internet exercem um papel social fundamental na movimentação das relações financeiras, culturais e de conhecimentos.

Em relação à educação, as redes de comunicações trazem novas e diferenciadas possibilidades para que as pessoas possam se relacionar com os conhecimentos e aprender. Já não se trata apenas de um novo recurso a ser incorporado à sala de aula, mas de uma verdadeira transformação, que transcende até mesmo os espaços físicos em que ocorre a educação. A dinâmica e a infinita capacidade de estruturação das redes colocam todos os participantes de um momento educacional em conexão, aprendendo juntos, discutindo em igualdade de condições, e isso é revolucionário.

As mudanças contemporâneas advindas do uso das redes transformaram as relações com o saber. As pessoas precisam atualizar seus conhecimentos e competências periodicamente, para que possam manter qualidade em seu desempenho profissional. Em uma sociedade em que os conhecimentos não param de crescer, surge uma nova natureza para o trabalho. Para Pierre Lévy (1999, cap. X), filósofo francês da cibercultura, "trabalhar quer dizer, cada vez mais, aprender, transmitir saberes e produzir conhecimentos". O que é preciso saber profissionalmente já não pode ser totalmente planejado nem precisamente definido com antecedência, diz Lévy (*id.*, *ibid.*). As necessidades postas pelo trabalho e a definição de perfis profissionais são cada vez mais singulares e mutantes.

Num momento anterior da sociedade, em que predominavam as organizações industriais que produziam mercadorias em série, a educação orientou-se para a formação em massa de futuros profissionais, que incorporavam saberes estáveis e reconhecidos. Professores, médicos, engenheiros, advogados tinham seus perfis profissionais definidos por suas funções e suas competências delimitadas pela formação recebida em cursos profissionais das respectivas áreas de conhecimento. No momento atual, em que a economia se mostra de forma globalizada e volátil e as formações se diluem em exigências profissionais cada vez mais singulares, torna-se cada vez mais difícil a organização de cursos que sejam válidos para todos.

As características das redes reconfiguram espaços e tempos do saber em novos e diferenciados caminhos. As tecnologias da inteligência existentes no ciberespaço, segundo Lévy (*id.*, *ibid.*), amplificam, exteriorizam e modificam numerosas funções cognitivas humanas. A memória humana se amplia e se exterioriza. Ela passa a existir não apenas como função do cérebro, mas também como rede de informações acessíveis em diferentes suportes tecnológicos, pelo uso de bancos de dados e arquivos digitais, por exemplo. A memória, como função da mente, funciona muitas vezes como centro de distribuição e de lembrança, identificando os espaços internos (no corpo) e externos (nas inúmeras bases de dados pessoais) em que estão armazenadas as informações. Em um momento da civilização em que as informações não param de crescer, a memória humana assume também a importante função de apagar dados inúteis, deletar informações, esquecer.

Já não sabemos apenas narrar como foram as nossas férias, precisamos de fotos e vídeos para documentar nossas narrativas. E sem nossas agendas, como poderíamos saber os nossos compromissos, os aniversários e datas familiares? Depositamos em vários suportes a responsabilidade pelas nossas lembranças pessoais. Da mesma forma, a imaginação é retrabalhada e convive com a criação de formas híbridas reais e virtuais. As tecnologias digitais criam – em *softwares* disponíveis em CD-Rom ou DVDs e nas redes – mundos paralelos em que as pessoas podem assumir novas identidades e viver novas realidades. Simulações de todos os tipos garantem vivências, transformações no comportamento e aquisição de novas competências, sem a necessidade de estágios concretos para a aprendizagem.

Aprender os comportamentos iniciais da ação de um piloto, um médico, um engenheiro e muitas outras velhas e novas áreas profissionais pode ser conseguido em interações realizadas graças às mais novas realidades virtuais. Sensores digitais redefinem até as percepções sensoriais mais finas e viabilizam a vivência plena e realística de situações modeladas digitalmente.

Todas essas alterações e experiências virtuais podem ser compartilhadas por um grande número de pessoas ao mesmo tempo, ainda que estejam fisicamente instaladas em espaços diferentes. O uso de recursos das tecnologias digitais como simulações, telepresença, realidade virtual e inteligência artificial instala um novo momento no processo educativo. O fluxo de interações nas redes e a construção, a troca e o uso colaborativos de informações mostram a necessidade de construção de novas estruturas educacionais que não sejam apenas a formação fechada, hierárquica e em massa como a que está estabelecida nos sistemas educacionais. Como diz Lévy (*id.*, *ibid.*), essa nova educação deve preferir a imagem livre de "espaços de conhecimentos emergentes, abertos, contínuos, em fluxo, não-lineares, se reorganizando de acordo com os objetivos ou os contextos, nos quais cada um ocupa uma posição singular e evolutiva".

Essas transformações ecoam com maior força no comportamento das novas gerações (principalmente entre crianças e jovens que nasceram a partir dos anos 90 e que convivem naturalmente com computadores e redes) e suas relações com a educação. Como diz Don Tapscott, há um "generational lap" na atualidade que coloca a hierarquia do saber de pernas para o ar. As crianças são, pela primeira vez, autoridades, especialistas em algo central. Como esse mesmo autor informa, na Finlândia, por exemplo, em meados dos anos 1990, o governo escolheu 500 crianças e jovens para que dessem formação tecnológica aos seus professores: "Pela primeira vez num dado domínio, os estudantes viraram professores e os professores, alunos. A dinâmica do poder alterou-se para sempre" (Tapscott 1998, p. 304, trad. minha).

Um exemplo dessa transformação é a que vem sendo coordenada por uma adolescente americana, Heather Lawver. Quando tinha 13 anos, Heather leu o livro *Harry Potter* e adorou. Um ano depois, criou *The daily prophet*, um *site* diferente para os fãs do pequeno mago, que funciona como um jornal da Hogwarts, a escola dos jovens bruxos da ficção. No jornal, atualmente, Heather conta com uma equipe de 102 colaboradores, crianças e jovens de todo o mundo, que semanalmente encaminham suas matérias. As contribuições são lidas e editadas e Heather encoraja toda a equipe a comparar seus textos originais com as versões editadas e a consultá-la sobre problemas de estilo e gramática, quando necessário. Essa atividade informal, conduzida por uma adolescente, representa contribuição significativa para que outros jovens se animem a escrever corretamente sobre assuntos que são de seu interesse, no caso, sobre coisas que a imaginação deles considera que poderiam estar acontecendo na escola ficcional de Hogwarts.

Quando Heather completou 17 anos, ganhou o primeiro prêmio do Cable and Wireless Childnet Awards e o BBC Newsround Viewer's Choice Award, com votos de mais de um milhão de crianças e jovens de toda a Grã-Bretanha. Seu *site* (www.dprophet.com) recebeu na época mais de 300 mil novas visitas em poucos meses.

Novas formas de aprender

As crianças e jovens da geração digital têm muitas histórias para contar. Jovens *hackers* invadem computadores e *sites* alheios com os mais diferenciados propósitos. Autodidatas, em geral, utilizam as facilidades de acesso às informações disponíveis nas redes para pesquisar e aprender o que lhes interessa sobre o que pretendem invadir. Assim, também, surgem inúmeros casos de jovens que ganharam muito dinheiro em ações, criando identidades fictícias e aproveitando-se do anonimato das redes para blefar e gerar movimentações financeiras que repercutiram no mercado.

Um estudante, de apenas 14 anos, conseguiu figurar entre os melhores consultores jurídicos nos serviços de atendimento *on-line* realizados em um *site* em que se inscreveu, alterando a sua identidade, obviamente. Sua aprendizagem em Direito foi realizada pela observação detalhada de filmes sobre crimes apresentados em canal exclusivo da televisão a cabo e pelo acesso a informações na rede. Mesmo após descoberta sua real identidade e seu despreparo formal para o exercício da atividade na rede, o jovem era procurado e considerado, em virtude da profundidade de suas opiniões e da seriedade e cortesia com que tratava cada caso.

Michael Lewis, em seu livro *Next*, pesquisou a vida desses jovens e descobriu algumas coisas em comum com o que Tapscott também menciona. Para ambos os autores, a grande característica comum entre esses jovens está na necessidade de independência e autonomia em relação ao conhecimento que lhes interessa. Na verdade, nenhum deles está preocupado em ser o melhor aluno em todas as disciplinas do colégio, alguns até são, mas nem sempre. Eles definem suas áreas de interesse e se aprofundam nelas. Como diz Tapscott (*op.cit.*), eles se comportam como ativos pesquisadores de informação e não "recipientes". São inquietos e preferem descobrir sozinhos a seguir linearmente os passos planejados por outrem para chegar às aprendizagens. Reunidos nas redes em grupos em que, muitas vezes, preservam suas identidades reais, os jovens da geração digital também aprendem entre si, em articulações múltiplas ou grupos organizados, nos quais se encontram *on-line* regularmente, ainda que estejam em locais diferentes da cidade, do país e do mundo.

A indiferenciação do acesso às informações na internet em relação à identidade, idade e formação nivela todos os usuários e provedores. Não há necessidade de treinamento ou formação específica para acessar e manipular a informação, ao contrário, na internet se dá a ruptura com as fontes estabelecidas do poder intelectual e se abre o acesso e a manipulação da informação, há interação e comunicação direta entre autores e leitores. Abrem-se espaços também para que todos possam ser autores e trocar informações e conhecimentos com todo o mundo.

A ética da internet tem privilegiado cada vez mais fortemente a utilização de programas abertos e a formação de comunidades que colaboram na atualização e melhoria de vários *softwares*, programas e linguagens, que podem ser utilizados por qualquer usuário, gratuitamente. Como diz Michael Lewis (2001, p. 161, minha trad.), em poucos anos, a internet incorporou princípios do socialismo e os repassou como valores, princípios, ética e cultura a serem respeitados nos espaços colaborativos e na maioria das comunidades virtuais.

O uso das mídias digitais permite a essa nova geração falar de igual para igual com os adultos. Na realidade, o anonimato existente na rede não deixa saber se quem está se apresentando é uma criança, um jovem ou uma avozinha de 70 anos, como diz Tapscott (*op. cit.*). A tecnologia das redes oferece um novo ambiente de situações sociais. Milhões de pessoas estão conectadas nas redes diariamente e criam um número infinito de *webpages*. Inteligências em conexão atuam em muitos casos cooperativamente em projetos de utilidade para qualquer pessoa que os acesse e que esteja interessada. Os bilhões de informações disponíveis crescem incessantemente. As melhores ferramentas de busca já não conseguem encontrar nem a quinta parte das páginas existentes. Crianças e jovens têm tempo e curiosidade para se lançar nas redes de forma aberta, para criar e descobrir novas informações. Os melhores produtores de *software* têm mais medo dos jovens e de sua capacidade para gerar inovações do que das próprias empresas concorrentes. Essa ruptura nas hierarquias de poder em relação ao acesso e processamento das informações é característica da internet e atinge diretamente as maneiras formais de treinamento e aquisição de conhecimentos. Cada vez mais, é preciso que haja uma nova escola, que possa aceitar o desafio da mudança e atender às necessidades de formação e treinamento em novas bases.

O uso dos computadores e das redes não atingiu ainda no Brasil a expressão que já possui em países do primeiro mundo. Mas os comportamentos dessa geração de jovens não se dá apenas entre um grupo privilegiado que tem acesso aos equipamentos de última geração. O espírito revolucionário dos tempos atuais impregna a cultura e se espalha entre a maioria dos jovens indistintamente. Os jovens não falam em novas tecnologias, falam do que fazem com elas, como criar um *site*, enviar um *e-mail*, teclar num *chat* ou no ICQ, jogar e brincar em rede com amigos virtuais localizados em partes diferentes do mundo, baixar músicas e clipes, enfim, utilizar naturalmente a capacidade máxima de seus computadores para interagir e criar juntos. Quando imersos na realidade televisiva, acessível em 97% dos lares brasileiros, crianças e jovens já não aceitam a dependência diante da programação oferecida. Como os jovens de todo o mundo, já não querem ficar passivos diante da televisão ou sendo simples usuários e visitantes dos *sites* da internet. Eles querem participar.

Quando estão vendo televisão, a relação não é apenas direta, com um único programa ou canal. O importante é *zapear* e ver um pouco de tudo. Para muitos, *zapear* só não basta, é importante interagir, acompanhar o que está acontecendo em vários canais ao mesmo tempo – filmes, jogos, *shows*, novelas, jornais – e fazer sua própria síntese com o som do rádio, o papo no telefone, tudo junto, ao mesmo tempo. Mais ainda, querem prever o que vai acontecer, interagir com a informação, dar palpites, votar e escolher de acordo com suas preferências e opiniões, sentir que estão participando das decisões e definindo o rumo do que vão assistir, aproveitar o máximo do que está sendo veiculado no mínimo de tempo.

A maioria dos canais de televisão e mesmo as rádios já descobriram que a interatividade é uma das características básicas desse novo momento cultural. Essas mídias mantêm canais de comunicação – via telefone ou internet – com seus assistentes que, por meio deles, podem conversar, informar, escolher filmes, músicas, votar, enfim, tornar-se colaboradores dos programas e participantes ativos na programação. Na internet, são inúmeros os casos de jovens que, assim como Heather, abrem-se para o espaço das redes, aprendem sozinhos a descartar o que é irrelevante, a relacionar dados aparentemente díspares, a construir suas próprias páginas e seus *blogs*, diários *on-line* com informações e serviços que vão servir de referência para profissionais, outros jovens e pessoas adultas.

Nem tudo são maravilhas no uso das tecnologias na educação

As novas tecnologias digitais não oferecem aos seus usuários um novo mundo, sem problemas. Estamos no início de uma nova e revolucionária era tecnológica e pagamos um preço alto pelo pioneirismo. Ainda não se tem ideia das consequências e repercussões que as articulações em rede e a ampliação da capacidade tecnológica de acesso vão ocasionar e do que poderão nos oferecer em curto prazo. O que temos certeza é que independentemente dos avanços, as tecnologias ainda durante um bom tempo vão continuar a nos trazer alguns problemas e desafios individuais e coletivos para resolver.

Como usuários de computadores e da internet, por exemplo, sabemos dos problemas técnicos que causam estragos nas máquinas e que nos fazem perder dados, documentos e muitas horas de trabalho. Tememos as invasões de vírus, cada vez mais frequentes, e que podem danificar todo o computador. A sofisticação dos vírus nos obriga a criar fortificações virtuais, com recursos poderosos para proteger dados e memórias. Não só os vírus afligem os usuários e causam problemas. Por *e-mail*, diariamente recebemos todos os tipos de correntes, *spams*, janelas *pop-up* e demais tipos de ciberlixo que invadem nossas correspondências em doses industriais. Mais perigosas ainda são as invasões de *hackers*, que atacam, bloqueiam, deformam e roubam informações reservadas de pessoas, empresas e instituições. São verdadeiros ataques terroristas, que bloqueiam os *sites* mais visitados, até que agentes de segurança, cada vez mais especializados, possam resolver o problema.

Ao pensarmos sobre essas questões nos espaços coletivos do uso educacional, veremos que é preciso que as instituições educacionais invistam muito em manutenção e segurança, para que suas atividades *on-line* não sofram colapsos. Mas não é só isso. As tecnologias digitais são igualmente geradoras de novos problemas na educação. São *softwares* que prometem muito e dão pouco. São caros programas prontos, geralmente produzidos por empresas internacionais, traduzidos e aculturados para a suposta realidade de um país e que, em muitos casos, não são adequados aos objetivos pretendidos na proposta educacional da instituição. São problemas, também, as pretensas facilidades de acesso a informações e que fazem com que alunos copiem "pesquisas" e as entreguem sem ao menos ler e compreender o que está sendo informado, sem falar na facilidade de encomenda, compra e venda *on-line* de trabalhos escolares para todos os níveis de ensino e todas as áreas do conhecimento, o que põe em xeque os valores fundamentais da função da educação.

O que não deu certo em educação

Todos nós conhecemos várias histórias sobre o mau uso da tecnologia ou o que não deu certo na relação entre educação e tecnologias. Muitas vezes, o aluno sente que aquele vídeo longo é uma forma de o professor ocupar o tempo, por várias razões. A mais comum, porque não preparou a aula. Deixa a turma vendo o filme enquanto descansa, corrige exercícios ou faz alguma outra atividade. O pior é que, na aula seguinte, não são feitos comentários sobre a "aula" anterior, o conteúdo do filme ou mesmo as relações entre o vídeo e os assuntos da matéria. Bem, esse é apenas um exemplo. Em geral, ocorrem problemas no uso das tecnologias na educação porque as pessoas que estão envolvidas no processo de decisão para sua utilização com fins educacionais não consideram a complexidade que envolve essa relação.

Vamos levantar alguns desses problemas, começando pelas tecnologias mais conhecidas e amplamente utilizadas na educação escolar: a fala e a leitura de textos.

A apresentação oral em uma aula, seja ela feita por professores, seja por alunos (nos tradicionais "seminários" ou no relato oral de trabalhos de grupo), mesmo quando acompanhada de recursos tecnológicos, como o *power point*, por exemplo, pode ser muito interessante ou tremendamente cansativa e aborrecida. O domínio dos recursos da fala já foi considerado em outros tempos como disciplina – a retórica – incluída nos currículos de todos os que precisavam utilizar a voz como ferramenta profissional.

Alguns estudos recentes mostram que os alunos mais jovens, acostumados com as dinâmicas da oralidade televisiva, ficam mais distraídos quando o professor fala de forma mais lenta e monotônica. A articulação linear da aula, em que o professor só fala, para depois responder às perguntas dos alunos, nem sempre produz os resultados esperados. Os alunos, principalmente os mais jovens, dispersam-se e começam a *zapear*

54 Papirus Editora

a aula. Sua atenção oscila entre a fala do professor, o comportamento dos colegas, os barulhos; viajam no pensamento. O uso amplo do diálogo entre professores e alunos, a preocupação em criar uma atmosfera de tensão produtiva, com os alunos preparados e motivados para encontrar respostas e formular explicações sobre os assuntos tratados, geram mecanismos de raciocínio que conduzem os alunos a melhor aprendizagem. O tom de voz do professor, a velocidade, a ênfase na enunciação dos focos do assunto e a própria dinâmica da aula, não tendo o professor como único ser falante na sala, a participação ativa, o uso intensivo da comunicação oral, do diálogo em classe criam um outro clima, favorável à aprendizagem.

Da mesma forma, quando usados exclusivamente, livros, textos de revistas e jornais podem não ser os meios mais eficientes para chegar à aprendizagem, sobretudo entre esses jovens. Historicamente, a escrita tende a ser mais conservadora do que a linguagem oral. A tecnologia da fala tende a se atualizar permanentemente, ao passo que o texto se mantém com as estruturas e formas de expressão do momento em que foi escrito.

Pequenos cuidados como, por exemplo, o citado por Patrícia Greenfield sobre os estudos realizados por dois pesquisadores – Bransford e Johnson – com dois grupos de jovens estudantes, podem garantir melhor compreensão e aprendizagem por meio da leitura de textos. O estudo mostrou a dificuldade considerável que um primeiro grupo de alunos teve para ler e compreender um parágrafo, ainda que este tivesse estrutura linguística simples e não contivesse nenhuma palavra difícil ou conceito complexo. A um segundo grupo foi apresentado o mesmo parágrafo, mas dessa vez precedido por um título. Nessa segunda circunstância, os leitores consideraram o parágrafo bem mais compreensível e recordaram-no melhor. O texto apresenta expressões, conceitos e formas de comunicação orientados para um determinado tipo de leitor, que possui a formação intelectual necessária para compreender as ideias do autor.

Crianças e jovens não estão muito acostumados com a leitura e a escrita em sua forma linear. Querem ler *zapeando* os textos, como fazem na televisão e no uso de muitas mídias. As revistas e jornais já perceberam essas características e, cada vez mais, apresentam textos aparentemente desarticulados, quadros, gráficos, imagens e muitas cores na mesma página. *Zapeiam* o olhar do leitor para prender sua atenção. Muitas vezes, o longo texto utilizado não é adequado ao público de alunos leitores e, sem a mediação do professor, o assunto fica incompreensível e desinteressante.

Claro que tudo isso é muito relativo. Basta ver o interesse demonstrado pela leitura de grandes livros como os da série do Harry Potter ou os livros de RPG, que são vorazmente consumidos pelos seus jogadores. Neles, embora as estruturas e o formato dos textos sejam lineares, as ações são dinâmicas e múltiplas. Várias histórias se articulam ao mesmo tempo e movimentam o imaginário do leitor. Nos livros de RPG, o leitor assume seu papel na história, o desfecho sempre é desconhecido e vai depender da atuação dos participantes no enredo da história/jogo contada no livro.

Em *Os novos modos de compreender*, Pierre Babin encaminha o papel da escola para uma relação de aliança entre as diferentes culturas, realizando mixagens para a construção e o aprofundamento dos saberes. Alianças e mixagens que envolveriam o uso em paralelo de linguagens e comportamentos educacionais clássicos e de novas abordagens de ensino ligadas ao uso competente das múltiplas mídias existentes. Assim, se encontrariam, em um mesmo momento educativo, o que Babin chama de "a escola-ascese e a escola-prazer", o conhecimento intelectual por imersão e por distância crítica, a razão e a imaginação.

Problemas nas relações entre mídias e processos educacionais

Ao pensarmos no uso das mais diferentes mídias em educação – programas de rádio, televisão e, mais modernamente, computadores e internet –, sabemos de muitos projetos que redundaram em fracasso ou não alcançaram os objetivos pretendidos. Projetos baseados em programas de rádio e de televisão, no uso de computadores nas escolas, em videoconferências e programas autoinstrucionais utilizando CDs e DVDs, em gravações de áudio e vídeo já foram realizados em diversas épocas, para a formação ou o treinamento de professores, para a erradicação do analfabetismo e para o ensino e capacitação de profissionais de todo gênero.

No entanto, a tecnologia, apesar de ser essencial à educação, muitas vezes pode levar a projetos chatos e pouco eficazes. Mas por que isso ocorre?

As causas são múltiplas. Nem sempre é por incompetência ou má vontade dos profissionais envolvidos, sobretudo professores.

A análise de vários casos já relatados em pesquisas e publicações na área da educação mostra alguns problemas recorrentes, que estão na base de muitos dos fracassos no uso das tecnologias mais atuais na educação. O primeiro deles é a falta de conhecimento dos professores para o melhor uso pedagógico da tecnologia, seja ela nova ou velha. Na verdade, os professores não são formados para o uso pedagógico das tecnologias, sobretudo as TICs. Nesse caso, igualam-se aquele professor que fica lendo para a turma sonolenta o assunto da aula; o que exibe uma série interminável de *slides* e faz apresentações em *power point*; o que coloca o vídeo que ocupa o tempo todo da aula; ou o professor que usa a internet como se fosse apenas um grande banco de dados, para que os alunos façam "pesquisa".

Da mesma forma, somam-se os fracassos nos recentes projetos de educação a distância oferecidos via *broadcasting*, ou seja, com o professor falando *em rede* para centenas de alunos que estão nas mais diferentes regiões. Por melhor que seja a transmissão dessas aulas, o procedimento é o da tradicional aula expositiva, baseada na *performance* do professor e que desconhece os interesses, as necessidades e as especificidades dos alunos. Todos esses procedimentos estão comprometidos com o ensino e o desempenho do professor. Esquecem, portanto, a real finalidade da educação, que é a de oferecer as melhores condições para que ocorra a aprendizagem de todos os alunos. Na maioria das vezes, esses profissionais do ensino estão mais preocupados em usar as tecnologias que têm a sua disposição para "passar o conteúdo", sem se preocupar com o aluno, aquele que precisa aprender.

Um segundo problema é a não adequação da tecnologia ao conteúdo que vai ser ensinado e aos propósitos do ensino. Cada tecnologia tem a sua especificidade e precisa ser compreendida como um componente adequado no processo educativo. Escolas dos mais diferentes níveis foram equipadas com televisores (em todas as salas) ou computadores (nas salas ou em laboratórios ou espaços especiais) e não tiveram o retorno esperado na aprendizagem dos alunos. Apresentadas como soluções milagrosas para resolver os problemas educacionais, as tecnologias de informação e comunicação são utilizadas como estratégia econômica e política por escolas

Educação e tecnologias 57

e empresas, mas nem de longe, sozinhas, conseguem resolver os desafios educacionais existentes.

A professora Maria Luiza Belloni, ao analisar a operacionalização em Santa Catarina do programa TV Escola – iniciativa do governo para a capacitação de professores a distância, de forma aberta e informal – para o uso da televisão em atividades educativas, mostra a complexidade dos problemas que envolvem o uso inadequado das mídias nas escolas. As dificuldades encontradas foram, sobretudo, decorrentes de problemas técnicos, que impediam o acesso e a recepção de imagens e sons ou o funcionamento de antenas parabólicas, aliados a problemas de instalação, manuseio e manutenção de equipamentos nas escolas.

Aliados aos problemas técnicos e operacionais, surgem os problemas decorrentes da própria carreira do professor, como aponta Belloni (2003, p. 299): "Falta de tempo para realizar formação continuada dentro da jornada de trabalho; formação inicial precária; falta de hábito de autodidatismo e conseqüente dificuldade de aproveitar o que o próprio programa oferece". Ou seja, como conclui Belloni (*id.*, *ibid.*), falta motivação dos professores "para a realização de formação continuada, em serviço, tendo em vista a ausência de incentivos de formação no plano de carreira e o nível de salários dessa categoria profissional".

Assim como em outros estudos, realizados em diversos pontos do país, os problemas existentes na relação entre educação e tecnologias vão muito além das especificidades das tecnologias e da vontade dos professores em utilizá-las adequadamente em situações de aprendizagem. Como enfatiza Belloni, mesmo quando são oferecidos treinamentos aos professores, esses treinamentos se apresentam distantes das práticas pedagógicas dos profissionais e de suas condições de trabalho.

Um novo problema é que a aprendizagem realizada com a mediação de computadores e redes exige habilidades e domínios que as crianças pequenas não possuem ainda, diz Todd Oppenheimer. Estudantes mais velhos – jovens e adultos –, mais maduros, conseguem interagir, navegar e tirar vantagens das tecnologias mais sofisticadas e dos ambientes da internet. Conseguem desenvolver projetos avançados em diversas áreas do conhecimento, como matemática, física e eletrônica e gerar os seus próprios programas e *softwares*. Infelizmente, as escolas não conseguem ainda oferecer classes em que essas competências possam ser desenvolvidas e utilizadas, mesmo quando dispõem de computadores e tecnologias do mais alto nível.

Já para as crianças pequenas, o uso intensivo de computadores em salas de aulas de ensino fundamental tem trazido novos tipos de problemas. Nas turmas mais jovens de escolas de San Francisco, na Califórnia, Oppenheimer diz que os alunos gastam tempo excessivo, dias e semanas, produzindo trabalhos superficiais em *power point* ou programas similares. Suas produções, diz o autor, estão longe do "poder criativo do que os estudantes poderiam fazer com lápis, papéis coloridos, tesouras e cola – materiais que obviamente custam uma fração do preço de computadores". Estudantes de uma escola elementar que realizaram atividades com papéis e tesouras antes de desenvolverem suas versões em computador disseram para Oppenheimer que preferiam a forma manual de realização do trabalho. "Porque posso fazer do jeito que eu quero", disse um estudante, "porque, muitas vezes, o computador não funciona", conta o jornalista.

As escolas não têm verba suficiente para manutenção e atualização permanentes dos programas e realização de treinamentos para todo o pessoal pedagógico e administrativo do estabelecimento. É preciso que verbas cada vez maiores sejam previstas nos orçamentos para esses itens, além da aquisição de novas máquinas e novos programas. Esses são apenas os problemas iniciais na relação entre as escolas e o uso das tecnologias digitais.

Em escolas que têm computadores conectados à internet em número suficiente e disponíveis para uso pelos alunos, os problemas são de outra ordem. Nas escolas de ensino fundamental e médio, por exemplo, professores de informática tornam-se vigias dos alunos, patrulhando o que fazem nos computadores e que páginas acessam, para tentar evitar o envio ou a recepção de material ilícito, pornografia e a realização de ações socialmente condenáveis. As escolas precisam colocar filtros nos computadores, para bloquear o acesso a determinados tipos de *site* e o uso de programas piratas, por exemplo. Instala-se uma certa competição entre as soluções encontradas pelas escolas para bloquear o acesso dos alunos e as tentativas deles de realizar invasões e quebrar os bloqueios. Dispositivos de segurança que rastreiam as ações dos alunos nos computadores mostram que eles gastam um tempo mínimo realizando as atividades da escola. Na maior parte do tempo, estão brincando, jogando e interagindo com amigos virtuais. Essas ações podem ser vistas como problemas, mas também como caminhos por onde as escolas podem trazer os estudantes para novas e mais prazerosas formas de aprender.

Um outro problema está no superdimensionamento do papel dos computadores na ação educativa. Se existem escolas em que não há um único computador, existem outras em que os computadores ligados em rede são objetos de uso pessoal de cada aluno. Nesses espaços, professores e alunos são estimulados a realizar todas as atividades educativas no computador e usando a internet. Em San Francisco, por exemplo, escolas de ensino fundamental retiram de seus currículos disciplinas como arte, música e educação física, porque não podem ser realizadas *on-line*. Também na Califórnia, na cidade de Napa, professores estimulam alunos a pesquisar exclusivamente na internet. Livros, revistas e outras formas de acesso às informações têm papel cada vez mais insignificante em suas bibliografias.

Se de perto é complicado, de longe então...

Se existem problemas a serem enfrentados na adequação das parcerias entre professores, alunos, conteúdos e tecnologias para a realização de processos educacionais significativos em sala de aula, imaginem os cuidados necessários para realizar essas mesmas atividades a distância.

A corrida para o oferecimento de cursos a distância, viabilizados pelas funcionalidades comunicativas das novas TICs, criou um movimento em que se priorizou o conhecimento tecnológico. Profissionais que tinham um grande conhecimento das tecnologias acharam que podiam criar cursos a distância, sobretudo em bases digitais, e ensinar qualquer conteúdo. Os fracassos se sucedem nessas experiências. Sem conhecimento das especificidades educacionais e comunicativas, muitas vezes também sem conhecimento dos conteúdos que pretendem ensinar, eles oferecem cursos que não atendem às necessidades de aprendizagem dos alunos. Desanimados e insatisfeitos, os alunos desistem e colocam a culpa nas tecnologias.

Um dos grandes problemas enfrentados nessas formas aligeiradas de fazer "educação" está na grande evasão de alunos dos cursos realizados a distância. São inúmeros os casos em que as pessoas se inscrevem nos cursos, retiram os textos e materiais didáticos disponíveis e desaparecem. Independentemente da tecnologia utilizada, do movimento, dos sons e das cores presentes nas atividades, o curso não emplaca e não alcança os resultados desejados. São cursos que não consideram os mínimos princípios pedagógicos e oferecem conteúdos já existentes em livros e apostilas, divididos em partes ou "módulos" *on-line* ou em CDs, e a realização de testes de múltipla escolha. O aluno não é considerado. O que conta é o serviço de entrega de conteúdos na forma de "cursos" na *web*.

A videoconferência é um outro exemplo de ferramenta que vem sendo utilizada com regularidade em projetos educacionais a distância e que também tem seus problemas. Em quase todos os cursos que usam a videoconferência, a câmera fixa focaliza em *close* o professor ou especialista que fala para alunos que se situam em diferentes pontos da cidade, do país ou do mundo. Em voz pausada, o professor vai falando para uma plateia supostamente atenta e silenciosa. Basta fazer um movimento com a câmera e mostrar o outro lado das salas e o que se vê é uma outra realidade. Na maioria das vezes, o passeio com a câmera mostra pessoas sonolentas e distraídas. Mais uma vez, estamos diante de um grande recurso tecnológico que é utilizado para "ensinar" de forma muito tradicional. O mesmo procedimento, se utilizado de forma dinâmica, com movimentos de câmera, cortes rápidos, debates e diálogos entre todos os participantes – professores e alunos – dos diferentes espaços, já ofereceria condições para mais eficiência do processo e para a animação dos alunos, predispostos e ativos para participar e aprender.

Referências bibliográficas

BABIN, P. e KOULOUMDJEAN, M.F. (1989). *Os novos modos de compreender: A geração do audiovisual e do microcomputador*. São Paulo: Paulinas.

BELLONI, M.L. (2003). "A televisão como ferramenta pedagógica na formação de professores". *Revista Educação e Pesquisa*, vol. 29, n. 2 (jul.-dez.).

GREENFIELD, P. (1988). *O desenvolvimento do raciocínio na era eletrônica*. São Paulo: Summus.

KERCKHOVE, D. (1997). *A pele da cultura. Uma investigação sobre a nova realidade eletrônica.* Lisboa: Relógio D'Água.

_____ (1999). *Connected intelligence: The arrival of the web society.* Toronto: Somerville House Books.

LÉVY, P. (1999). *Cibercultura.* Rio de Janeiro: Editora 34.

LEWIS, M. (2001). *Next. The future just happened.* Nova York: W.W. Norton.

OPPENHEIMER, T. (2003). "Despite great promise, technology is dumbing down the classroom". *San Francisco Chronicle* (30 de novembro). Em www.sfgate.com/cgi-bin/article.cgi?file=/c/a/2003/11/30/ING8L39SIPLDTL. Acesso em 2/2/04.

PONTE, J.P. da (s.d.). "Tecnologias de informação e comunicação na formação de professores: Que desafios?". Em www.campus-oei.org/revista/rie24a03.htm. Acesso em 2/3/04.

TAPSCOTT, D. (1998). *Growing up digital: The rise of new generation.* Nova York: McGraw Hill.

4
A EDUCAÇÃO SERVE PARA FAZER MAIS DO QUE USUÁRIOS E DESENVOLVEDORES DE TECNOLOGIAS

Todo mundo vai para a escola para aprender. Na visão tradicional, a educação escolar serve para preparar para a vida social, a atividade produtiva e o desenvolvimento técnico-científico. A escola é uma instituição social, que tem importância fundamental em todos os momentos de mudanças na sociedade.

Na atual proposta liberal, a escola é instituição social da maior importância. É ali que se formam os quadros de profissionais que, mais do que dar vida, continuidade e inovação à produção, irão formar um exército de usuários para o consumo de bens e serviços da informação. Para a aquisição e o uso dos novos produtos oferecidos no atual estágio de desenvolvimento econômico-social, é preciso que o sujeito tenha um mínimo de escolaridade. E, neste momento social em que a principal mercadoria em circulação é a informação, as pessoas precisam ter um mínimo de conhecimento formal para serem consumidoras. Os consumidores letrados têm de estar sempre atualizados e informados para utilizarem cada vez mais informações.

Uma relação cíclica se estabelece: quanto maior o acesso à informação, mais necessidade se tem de atualização para ficar em dia com as mais novas informações. E a escola é o espaço social fundamental para alimentar essa relação.

Mas será essa a função da escola na atualidade?

Em um mundo em constante mudança, a educação escolar tem de ser mais do que uma mera assimilação certificada de saberes, muito mais do que preparar consumidores ou treinar pessoas para a utilização das tecnologias de informação e comunicação. A escola precisa assumir o papel de formar cidadãos para a complexidade do mundo e dos desafios que ele propõe. Preparar cidadãos conscientes, para analisar criticamente o excesso de informações e a mudança, a fim de lidar com as inovações e as transformações sucessivas dos conhecimentos em todas as áreas.

Formar pessoas flexíveis o suficiente para incorporar novos e diferenciados perfis profissionais; que tenham consciência da velocidade das mudanças e do tempo curto de existência de profissões novas e promissoras. Pessoas que possam reconhecer a fragilidade das conquistas sociais tradicionais – como o trabalho assalariado e os benefícios traba-lhistas – e lutar contra ela. A escola precisa, enfim, garantir aos alunos-cidadãos a formação e a aquisição de novas habilidades, atitudes e valores, para que possam viver e conviver em uma sociedade em permanente processo de transformação.

O desenvolvimento científico e tecnológico, sobretudo da indústria eletroeletrônica, tem sido associado ao processo de globalização da economia. Estar fora dessa nova realidade social – chamada de Sociedade da Informação – é estar alijado das decisões e do movimento global da economia, das finanças, das políticas, das informações e interações com todo o mundo. A sociedade excluída do atual estágio de desenvolvimento tecnológico está ameaçada de viver em estado permanente de dominação, subserviência e barbárie.

Há mais de uma década, diversos países têm procurado elaborar políticas públicas que orientem a inserção da nação nessa nova sociedade. No Brasil, esse programa foi lançado em 1999 (www.socinfo.gov.br). Foi elaborado um documento com a participação de profissionais de várias áreas do conhecimento e vários setores – público, privado e terceiro setor – e instituições: o *Livro verde da sociedade da informação no Brasil*, ou simplesmente, *Livro verde*. Nele, são apresentadas as bases para a discussão de um novo projeto de sociedade em todas as áreas: educação, mercado de trabalho, serviços, identidade cultural, governo etc.

De acordo com o *Livro verde*, em relação à função de educar para a Sociedade da Informação,

> trata-se de investir na criação de competências suficientemente amplas que lhes permitam ter uma atuação efetiva na produção de bens e serviços, tomar decisões fundamentadas no conhecimento, operar com fluência os novos meios e ferramentas em seu trabalho, bem como aplicar criativamente as novas mídias, seja em usos simples e rotineiros, seja em aplicações mais sofisticadas. Trata-se também de formar os indivíduos para "aprender a aprender" de modo a serem capazes de lidar positivamente com a contínua e acelerada transformação da base tecnológica. (Takahashi 2001, p. 45)

Pensar a educação na sociedade da informação, conforme apresenta o *Livro verde*, "exige considerar um leque de aspectos relativos às tecnologias de informação e comunicação. A começar pelos papéis que elas desempenham na construção de uma sociedade que tenha a inclusão e a justiça social como uma das prioridades" (*ibid.*).

A Sociedade da Informação está preocupada com o uso amplo de tecnologias digitais interativas em educação. No Brasil, a preocupação é a de que o uso intensivo dessas tecnologias possibilitem a democratização dos processos sociais, a transparência de políticas e de ações do governo, a mobilização dos cidadãos e sua participação ativa nas instâncias cabíveis. Para garantir que se alcancem esses objetivos, as proposições do *Livro verde* sobre a relação entre educação e as tecnologias de comunicação e informação é de que estas "devem ser utilizadas para integrar a escola e a comunidade, de tal sorte que a educação mobilize a sociedade e a clivagem entre o formal e o informal seja vencida" (*ibid.*).

O uso das tecnologias em educação, da perspectiva orientada pelos propósitos da Sociedade da Informação no Brasil, exige a adoção de novas abordagens pedagógicas, novos caminhos que acabem com o isolamento da escola e a coloquem em permanente situação de diálogo e cooperação com as demais instâncias existentes na sociedade, a começar pelos próprios alunos. A escola não vai perder sua posição de instituição social e educacional, vai, sim, ampliar sua missão, para que possa

> responder a uma pluralidade de mandatos sociais (de instrução, de socialização, de profissionalização, de participação cívica, de formação ética, de desenvolvimento estético), subordinando-os não apenas ao referente econômico (formar recursos humanos, fatores de produção), mas ao desenvolvimento das pessoas, qualquer que seja a sua idade, qualquer que seja o momento em que procuram o ensino e a formação. (Azevedo 2004)

A educação escolar não deverá servir apenas para preparar pessoas para exercer suas funções sociais e adaptar-se às oportunidades sociais existentes, ligadas à empregabilidade, cada vez mais fugaz. Não estará voltada, tampouco, para a exclusiva aprendizagem instrumental de normas e competências ligadas ao domínio e à fluência no emprego de equipamentos e serviços. A escola deve, antes, pautar-se pela intensificação das oportunidades de aprendizagem e autonomia dos alunos em relação à busca de conhecimentos, da definição de seus caminhos, da liberdade para que possam criar oportunidades e serem os sujeitos da própria existência.

As TICs e o ciberespaço, como um novo espaço pedagógico, oferecem grandes possibilidades e desafios para a atividade cognitiva, afetiva e social dos alunos e dos professores de todos os níveis de ensino, do jardim de infância à universidade. Para que isso se concretize, é preciso olhá-los de uma nova perspectiva. Até aqui, os computadores e a internet têm sido vistos, sobretudo, como fontes de informação e como ferramentas de transformação dessa informação. Mais do que o caráter instrumental e restrito do uso das tecnologias para a realização de tarefas em sala de aula, é chegada a hora de alargar os horizontes da escola e de seus participantes, ou seja, de todos.

O que se propõe para a educação de cada cidadão dessa nova sociedade – e, portanto, de todos, cada aluno e cada professor – é não apenas formar o consumidor e usuário, mas criar condições para garantir o surgimento de produtores e desenvolvedores de tecnologias. Mais ainda, que não aprendam apenas a usar e produzir, mas também a interagir e participar socialmente e, desse modo, integrar-se em novas comunidades e criar novos significados para a educação num espaço muito mais alargado.

Como diz o professor João Pedro da Ponte (2004),

> A sociedade e as tecnologias não seguem um rumo determinista. O rumo depende muito dos seres humanos e, sobretudo, da sua capacidade de discernimento coletivo.
>
> O problema com que nos defrontamos não é o simples domínio instrumental da técnica para continuarmos a fazer as mesmas coisas, com os mesmos propósitos e objetivos, apenas de uma forma um pouco diferente.
>
> Não é tornar a escola mais eficaz para alcançar os objetivos do passado. O problema é levar a escola a contribuir para uma nova forma de humanidade, onde a tecnologia esteja fortemente presente e faça parte do cotidiano, sem que isso signifique submissão à tecnologia.

Dessa forma, as inovações tecnológicas podem contribuir de modo decisivo para transformar a escola em um lugar de exploração de culturas, de realização de projetos, de investigação e debate.

Educar para a inovação e a mudança significa planejar e implantar propostas dinâmicas de aprendizagem, em que se possam exercer e desenvolver concepções sócio-históricas da educação – nos aspectos cognitivo, ético, político, científico, cultural, lúdico e estético – em toda a sua plenitude e, assim, garantir a formação de pessoas para o exercício da cidadania e do trabalho com liberdade e criatividade.

Projetos e propostas de ensino mediados pelas TICs

O desafio é o de inventar e descobrir usos criativos da tecnologia educacional que inspirem professores e alunos a gostar de aprender, para sempre. A proposta é ampliar o sentido de educar e reinventar a função da escola, abrindo-a para novos projetos e oportunidades, que ofereçam condições de ir além da formação para o consumo e a produção. As instituições escolares de todos os níveis, com a adoção dos pressupostos da cultura informática, já não se veem como sistemas isolados, fechados em suas próprias atividades de ensino. Ao contrário, a utilização das múltiplas formas de interação e comunicação via redes amplia as áreas de atuação das escolas, colocando-as em um plano de intercâmbios e de cooperação internacional real com instituições educacionais, culturais e outras – no Brasil e no mundo –, de acordo com os interesses e as necessidades de cada projeto. Essa "internacionalização" pontual das possibilidades educacionais pode levar a escola à necessidade de definição de novas regras e procedimentos, que certamente transformarão também as atuais formas de gestão da educação.

Os projetos educacionais desenvolvidos via redes não podem ser pensados apenas como uma forma diferenciada de promover o ensino. Eles são formas poderosas de interação, cooperação e articulação, que podem abranger professores, alunos, pessoal administrativo e técnico das escolas, pais e todos os demais segmentos nacionais e internacionais envolvidos. Eles viabilizam o desenvolvimento do ensino, da pesquisa e da gestão da educação em caminhos novos e diferenciados.

Pensando nessas novas educações escolares, busquei trazer alguns dos muitos exemplos de experiências brasileiras voltadas para essas novas realidades. São experiências realizadas em sistemas públicos de ensino que mostram a criatividade e o dinamismo com que se pode fazer educação. A surpresa está no desafio, assumido por educadores e alunos, de superar obstáculos e dificuldades de toda ordem e realizar projetos novos e significativos. Seguem-se alguns exemplos.

O tabuleiro digital da Bahia

No início de 2004, a Universidade Federal da Bahia (UFBa) começou uma experiência piloto visando à inclusão digital, ao inaugurar, em Salvador, 20 "tabuleiros digitais", terminais de computadores ligados à internet, rodando *software* livre por 24 horas. "O tabuleiro digital deve espalhar-se por todos os cantos da Bahia, promovendo o acesso gratuito ao mundo da informação e o exercício da cidadania", diz Nelson Pretto (2004), coordenador do projeto. O tabuleiro digital é reto, sem encostos,

68 Papirus Editora

sem almofadas, projetado para uso rápido e ágil, como o do tempo de comer um bom acarajé ou ler meia dúzia de *e-mails*. "Mais do que uma simples bancada para suporte de computadores, estamos desenvolvendo aqui [na Faculdade de Educação da UFBa-Faced] um modelo de móvel inspirado em soluções do cotidiano das trabalhadoras do acarajé", informa Nelson Pretto (*ibid.*). As repercussões do projeto podem ser verificadas no depoimento de um professor, Paulo Cezar Oliveira, em mensagem para o autor do projeto. Esse professor conta, em cenas, o que já presenciou na universidade, na relação entre as pessoas e os tabuleiros digitais:

> Cena 6: Minutos após a inauguração, percebo os tabuleiros digitais ocupados por gente com olhos vidrados nas telas. Estava bonito de se ver, "florido mesmo". Outras paisagens reais/virtuais na Faced????!!!!!
>
> Cena 7: A funcionária da biblioteca da Faced diz ao estudante: "O sistema aqui caiu. Vá ali no tabuleiro, que por lá dá pra entrar".
>
> Cena 8: Estudante da Faced diz a colega: "Me espere no tabuleiro de baixo, tá?". Efeito cultural imediato???
>
> Cena 9: Nota sobre projeto no Portal Colaborativo Liganois: "Falaí, manos, liga nois no nome do projeto de telecentros da UFBa, tabuleiro digital, maluco lá disse q é inspirado nos tabuleiros das vendedoras de acarajé, uscambau. Colei a notícia no metaong.info. Se pam tb tem o *site* do projeto em: www.tabuleiro.faced.ufba.br. Sentiu firmeza? Fui, nem me viu!"
>
> Cena 10: "Virtual". No meu exercício visionário diário, desenho jardins digitais em Salvador, onde gente de toda parte interage, partilha e produz informação, conhecimentos. E nos tabuleiros digitais, perfumados de ciberóleo de dendê, o néctar multifacetado da cultura soteropolitana é convertido em mel, sal, suor, cerveja, carnaval e cidadania local/global. "Viva o povo brasileiro!" (Pretto 2004)

Enlaces

O Enlaces, ou World Links, programa criado originalmente pelo Banco Mundial, visa à criação de comunidades de aprendizagem interativa, colaborativa e cooperativa, mediante o uso das telecomunicações na escola. Desde 2002, o World Links é uma ONG que atua em 26 países, incluindo o

Brasil. O programa baseia-se no estabelecimento de alianças e colaboração operacionais e financeiras entre diversos setores públicos, privados, nacionais e internacionais. A proposta do projeto Enlaces, desenvolvida pela Secretaria de Educação do Estado de São Paulo, só é viável pelo compromisso assumido por todos os envolvidos – direção, coordenação, professores e alunos – das atuais 60 escolas públicas que dele participam. Após treinamento, os professores são estimulados a realizar projetos com seus alunos. Foi o caso de uma professora de português e literatura de uma escola pública de ensino médio em Santo André. Com os seus alunos, ela colocou em prática o projeto "Poesia sem fronteiras". No depoimento dessa professora, Irene Weber Donatelli (2002), é possível ver o potencial de transformação educacional para uma nova sociedade que um projeto desse nível pode oferecer:

> Depois de muito trabalhar em minha casa, mandando convite para o mundo, consegui parceiros internacionais e regionais também. Fizemos parceria com a Escola Rosa Ramalho de Barcelinhos, região do Minho (Portugal); a Escola Estadual Gonçalves Dias, do Amapá; a Escola Estadual Naura Teixeira, do Rio Grande do Sul e a Escola Estadual Mario Barbosa, do Pará. Voltei animada para a sala de aula e conversei com meus alunos do segundo ano sobre o projeto "Poesia sem fronteiras", para trocar poesias, biografias de autores brasileiros e fazer comentários sobre as suas características, forma e conteúdos.

No desenvolvimento do projeto, a professora e seus alunos trocaram *e-mails* com alunos de outros países, estados e cidades. Com apenas 10 computadores na escola e uma única linha telefônica, partilhada com a administração, a turma desenvolveu o trabalho quase todo em disquete. À medida que começaram a ler as mensagens vindas de outros estados, como Pará e Amapá, com maiores dificuldades para utilizar computadores, os alunos ficaram cada vez mais animados e mais colaborativos. Começaram a ler, discutir e criar suas próprias poesias. Depois de uma nova parceria, com Nadia Prandi, professora de literatura italiana em Udine, Itália, o projeto foi parar na revista virtual que essa professora edita sobre projetos educacionais (www.meetingpoint2000.it). Irene conta sobre a reação de seus alunos diante dessa nova experiência:

Jamais esquecerei o dia em que conseguimos conectar o único computador do laboratório que tinha internet, ficamos por quase 20 minutos olhando uma tela amarela do *site* da Nadia, da Itália, onde estava escrito: Partner Schools – EE Dr. Américo Brasiliense de São Paulo – Brasil e a nossa bandeira, verde, amarela, azul e branca ao lado do nome da escola. Pedi para o Rodrigo clicar no item poesias e, assim, surgiram as poesias pesquisadas por eles. Choramos de orgulho e felicidade. Não conseguimos falar nada, só olhamos para a tela... logo mais, a conexão caiu.

Infovias e Educação

O projeto Infovias e Educação, iniciado em 2000 como pesquisa da Faculdade de Educação da Universidade Federal de Goiás, envolveu quatro cidades daquele estado. O objetivo inicial era a introdução, para professores e alunos de graduação em pedagogia, no uso de tecnologias na educação, em especial a informática, de forma prazerosa, sem os anseios que, geralmente, têm acompanhado experiências desse gênero. Além do acompanhamento das atividades dos professores, o projeto visava, a longo prazo, produzir conteúdos, tais como textos, materiais didáticos, análise de vídeos e materiais de apoio para a formação de professores, a serem distribuídos na rede goiana de informação. Incluía também o oferecimento de cursos, reflexões teóricas em grupo de estudos, jornadas acadêmicas, consultorias com especialistas, produção fotográfica e de vídeo e criação de *homepages*. Até 2002, os resultados obtidos pelo projeto deram origem a três relatórios de iniciação científica, um CD-Rom para uso em cursos de didática a distância e a criação, elaboração e publicação de um Museu Virtual da Educação (www.fe.ufg.br/museu).

No *site* do museu, há uma seção sobre tecnologias, em que se encontram, lado a lado, um grande armário com o primeiro computador da cidade de Anápolis e a lousa de ardósia com o lápis, do mesmo material, para uso pessoal dos alunos nas escolas no início do século passado. Mais importante do que a iniciativa inovadora de criação do museu virtual, foi o desafio assumido pelos professores de aprender tudo o que fosse necessário para construir o museu virtual, desde a elaboração do *site*, a inclusão das fotos e a criação de espaços no próprio *site* para recebimento de contribuições para a ampliação do acervo virtual. O museu é motivo de orgulho e fonte de inspiração para novas pesquisas que tenham como apoio o ambiente virtual. A continuidade do projeto está sendo realizada de forma ampliada, com um novo projeto, chamado Reducativa, iniciado em 2003.

Cooperação internacional no Distrito Federal

Escolas do ensino médio da rede pública do Distrito Federal também realizam projetos em que superam as dificuldades de acesso e o baixo número de computadores em rede disponíveis, para realizar atividades educacionais inovadoras. É o que ocorre, por exemplo, com o Centro de Ensino Médio 02, em Ceilândia, cidade-satélite do Distrito Federal. A escola participa de um grande projeto internacional com o Canadá. Esse projeto tem o objetivo de ajudar a disseminar entre os alunos informações sobre os dois países. Os jovens, além de adquirirem mais conhecimento sobre novas tecnologias, ganham um aprendizado sobre a outra cultura. Um dos projetos desenvolvidos é sobre educação ambiental. Os estudos e as descobertas dos alunos são realizados em parceria com a comunidade em que vivem. Os resultados são discutidos com os estudantes canadenses. O intercâmbio cultural amadurece os estudantes. São utilizadas as salas de bate-papo e até uma câmera de vídeo para pequenas conferências entre os jovens. As atividades podem ser conferidas no *site* do projeto (http://brazilcanada. enoreo.on.ca/).

Essa escola tem problemas no acesso à internet pela linha telefônica, mas o esforço dos alunos para procurar novos conteúdos na rede e a variedade de disciplinas trabalhadas trazem muitos benefícios e entusiasmo para o desenvolvimento do projeto. De acordo com o responsável pelo laboratório de informática do colégio, Itaraci Lobo: "São ações que mobilizam e envolvem toda a escola. Os meninos se sentem estimulados a participar e ganham até mais consciência" (Borges 2003).

Nos exemplos apresentados, fica clara a ampliação da função da educação. A aprendizagem não se reduz à instrumentação técnica nem faz do aluno um simples receptor de um currículo preestabelecido. A educação escolar, nessas propostas, tampouco se fecha na formação de competências

– basicamente conhecimentos racionais e habilidades – a serem testadas individualmente no final do processo, visando a uma certificação individual.

Pelo contrário, trata-se de encarar a formação que alia as possibilidades multifacetadas das tecnologias com as exigências de uma pedagogia centrada na atividade exploratória, na interação, na investigação e na realização de projetos. Mais ainda, essas experiências pedagógicas aumentam o acesso a diferentes perspectivas relacionadas aos mesmos temas, ampliam a capacidade expressiva de comunicação e mudam a concepção de autoria e de criação. Ações cooperativas e colaborativas de avanço no conhecimeto libertam os alunos para novas aprendizagens e progressos em relação ao seu aprendizado. Ou seja, é uma educação voltada para o desenvolvimento da pessoa e dos grupos em colaboração, em um novo processo de formação de cidadãos preocupados com a realidade local e com o mundo.

As possibilidades educacionais associadas ao uso intensivo da internet mostradas nesses exemplos apresentam algumas características comuns, também apontadas por João Pedro da Ponte (2004):

> Em primeiro lugar, à relevância da interação, entre todos os integrantes do processo: professores, alunos, técnicos, equipamentos, redes, pessoas e instituições externas à escola e que se encontram na comunidade ou mesmo em outros países. A interação, nas suas diferentes formas, é um elemento marcante da formação e do trabalho escolar. Em segundo lugar, a prioridade que precisa ser dada à pesquisa e à exploração. Investigam-se *links*, recursos bibliográficos, *softwares*, documentos *on-line*, relatórios cujo *download* se faz pela internet etc. Compilam-se, sistematizam-se e analisam-se os elementos recolhidos e tiram-se conclusões que, por sua vez, sob a forma de relatórios, narrativas, páginas *web* ou outros produtos multimídia se disponibilizam para consulta de todos os interessados, dentro e fora da escola. Em terceiro lugar, quebram-se as barreiras entre o espaço escolar e o exterior. Desde logo, pela simples consulta a *sites* produzidos nos lugares mais diversos. Mas também pela interação que se estabelece com alunos, professores, colegas e outros elementos da comunidade a quem se pedem informações, opiniões e perspectivas. Em quarto lugar, a formação deixa de se circunscrever aos momentos de trabalho presenciais, complementados por trabalho individual ou de grupo, para passar a ter um *desenrolar permanente*.

Basta acessar a internet e adentra-se num mundo de discussões, problemáticas e interações. Isto é, no ciberespaço, a aula não funciona às segundas e quartas-feiras das 9 às 11 horas, mas vai conhecendo novos desenvolvimentos ao longo de toda a semana.

Qual a real distância da educação?

Até o final do século XX, não havia dúvidas, educação era função desenvolvida na escola. Era preciso ir até o local em que ficavam o prédio escolar e as salas de aula e passar por todo o ritual da educação formal para sucessivamente ascender nos graus de formação: ensino primário, médio, superior. Ah, sim, havia algumas formas paralelas de educação, o ensino supletivo e o ensino técnico e profissionalizante, que, em alguns momentos e reformas educacionais, eram nivelados e articulados com o ensino formal ou não. Mas essa é uma outra história. O que quero dizer, neste momento, é que eram raros os cursos realizados a distância, por correspondência.

O aluno tinha que se deslocar de casa ou do trabalho, muitas vezes atravessar a cidade e chegar pontualmente no horário em que ia começar a aula. Havia todo um ritual burocrático, que marcou a escolarização de muita gente. O temido carimbo na caderneta, entregue na entrada da escola, dizia da presença pontual do aluno na escola. E as chamadas dos alunos pelos professores em cada aula? Com cinco ou seis aulas por dia, cada professor levando em média dez minutos para chamar oralmente todos os alunos, um por um, para ver se estavam presentes, geravam uma perda de, pelo menos, uma hora por dia letivo. As aulas – em geral de 50 minutos, eram interrompidas para que fossem dados diferentes avisos da secretaria da escola, do grêmio, de festas e comemorações. No auge da aula, quando chegava no momento mais interessante de participação e debate, alunos interessados... tocava a campainha. A aula estava encerrada. "Na próxima semana, vamos tentar dar continuidade com esse mesmo interesse... é claro... depois da chamada, depois dos avisos, depois do feriado", pensava o professor.

O outro tipo processual de fazer educação era a distância, na grande maioria das vezes, por correspondência. Essa modalidade surgiu no Brasil no início do século XX, pela iniciativa de instituições privadas que ofereciam iniciação profissional em áreas técnicas, sem exigência de escolarização anterior. A banalização do uso de tecnologias de comunicação, como o rádio e a televisão, animou o governo e a iniciativa privada a oferecerem cursos supletivos e campanhas como a de alfabetização de adultos, por exemplo, usando essas mídias. Essas experiências se baseavam em um modelo tecnicista reprodutor, mais preocupado com a certificação em massa do que com a qualidade da "formação" e da produção dos alunos.

A maior parte das instituições, sobretudo de ensino superior, começou a se interessar pela educação a distância, depois do surgimento das capacidades de interação oferecidas pelas novas tecnologias de informação e comunicação. Em 1994, começou a expansão da internet nas universidades e, logo após, a abertura do uso para todos os interessados. Em 1996, uma nova lei com as diretrizes gerais da educação (9.394/96) incorporou pela primeira vez a modalidade "a distância" como espaço oficial para se fazer educação no Brasil.

A educação a distância se diferencia da educação clássica, chamada de educação presencial, oferecida dentro de um prédio escolar. Pode ser entendida como uma educação que liberta os envolvidos na ação educativa das rígidas determinações dos espaços e tempos da educação escolar tradicional. Caracteriza-se pela possibilidade de *deslocalização* espaçotemporal. Professores e alunos não precisam estar presentes nas mesmas salas de aula, nem nos mesmos prédios escolares, nem nas mesmas cidades. Podem também participar das aulas em momentos diferentes, conforme sua disponibilidade e suas necessidades. Essa nova realidade educacional é possível com o uso mais intensivo das novas tecnologias digitais, sobretudo a internet. O uso de *e-mails*, fóruns, *chats*, tele e videoconferências e demais componentes das mídias digitais dão uma outra caracterização para a educação a distância. Nesse sentido, é possível perguntar: educação, mas a que distância?

Para responder a essa questão, recorro a um autor francês, Jacquinot, que analisa a questão da distância em educação de cinco aspectos diferentes: geográfico, temporal, tecnológico, psicossocial e socioeconômico.

Distância geográfica

Vencer a distância foi a meta das primeiras instituições de ensino a distância. Esse modo de formação se dirigia aos alunos que, isolados ou muito afastados dos centros educacionais ou das escolas, não podiam ter acesso à educação clássica e ao ensino presencial. A distância física se concretiza, então, pela separação entre a instância de onde emana a iniciativa e a formação – a escola, os professores, os tutores – e os alunos. Mas a distância é também do lugar onde se realiza a aprendizagem, da escola ou centro de ensino, mais ou menos próxima do domicílio dos alunos. Ela é determinada pelo grau de acessibilidade aos recursos de informação e aos meios de formação (fitas cassete, vídeos, computadores, salas de reunião e de trabalho, laboratórios, salas de tele e videoconferências, *working stations* etc.). Em uma empresa, por exemplo, o lugar de formação – numa sala de formação ou de autoformação inteiramente reservada para esse uso ou no próprio local de trabalho – constitui uma escolha que depende da cultura da empresa e do tipo de formação fornecida.

Invertendo-se o processo educacional e levando a aula até o espaço em que se encontram os alunos, pode-se favorecer também que pessoas em estados permanentes ou temporários de isolamento, seja em prisões ou hospitais, seja em espaços profissionais diferenciados, como plataformas de petróleo e navios, possam ter acesso à educação sem se deslocar dos espaços em que se encontram.

O espaço e o tempo definem a distância em que vai se realizar a ação educativa. Nesse sentido, é bom observar que nas grandes cidades os alunos gastam duas ou mais horas em deslocamentos para chegar ao colégio ou à universidade e assistir, algumas vezes, a apenas uma hora de aula. Muitos dos alunos que se matriculam nas disciplinas que ofereço, a distância, moram em São Paulo, ou seja, no mesmo local em que moro e trabalho. Para eles, o difícil é ter de ir às aulas presenciais, pois, considerando a distância de suas casas e locais de trabalho e o tempo que gastam no trânsito, a aula presencial fica muito mais distante e de difícil acesso. Para eles, basta ligar a internet em qualquer horário, acessar a sala do curso e... pronto! Já estão em aula.

Também o uso de tele ou videoconferências, em escolas e empresas, oferece uma grande economia, pois, sem saírem de seus locais de trabalho, os profissionais podem realizar reuniões, cursos e treinamentos, gastando muito menos tempo e sem se deslocar.

Distância temporal

O sonho de todo estudante: ter liberdade de horário para estudar e principalmente ir para a escola. Gerenciar seu tempo de acordo com as próprias obrigações e disponibilidade. Essa é uma característica do ensino a distância que agrada principalmente aos alunos adultos que trabalham e não podem cumprir os rígidos horários das aulas presenciais em colégios e faculdades. É o caso, por exemplo, de um aluno de um curso de administração *on-line*. Ele diz: "A vantagem de fazer um curso *on-line* é que posso programar meu tempo. Como trabalho o dia todo e minha mulher está grávida, acordo às quatro da manhã para estudar". A distância temporal é também uma forma de personalização dos estudos, há liberdade para cada um assimilar conteúdos e fazer exercícios em seu próprio ritmo.

A distância temporal também pode ser sentida na forma como professores e alunos se encontram em espaços de aprendizagem, sejam presenciais, sejam a distância. Nas classes presenciais regulares, a distância temporal entre uma aula e outra da mesma disciplina pode ser de até uma semana. Na educação a distância baseada em correspondência, a distância temporal entre o envio dos exercícios e o retorno com as correções pode demorar semanas, meses até. Essas duas distâncias temporais, comparadas com a educação a distância *on-line*, são excessivas. As possibilidades tecnológicas da internet garantem a comunicação imediata entre professores e alunos. O tempo de resposta é quase simultâneo. Ainda que as aulas *on-line* possam ter uma periodicidade determinada, a interação entre os participantes é permanente. A assincronicidade das redes possibilita que um aluno coloque suas questões e respostas aos exercícios no final da noite, antes de dormir, e que um outro, de manhã cedo, esteja dando continuidade e respondendo, logo ao acordar. Professores e tutores precisam ficar sempre atentos e participantes. Para garantir a presença e a motivação dos estudantes, eles devem responder aos questionamentos e dúvidas imediatamente ou, no máximo, em 24 horas. Nada de deixar para resolver o exercício ou tirar dúvidas sobre esse assunto na semana que vem. A distância, não toca a sineta para a aula terminar.

Distância tecnológica

A velocidade da evolução tecnológica cria distâncias que, segundo Jacquinot (1993), devem ser consideradas em duplo sentido. O primeiro diz respeito à própria formulação de projetos de cursos a distância baseados em tecnologias de ponta. O risco está na possibilidade de obsolescência do modelo tecnológico em que se baseia a oferta desses cursos antes mesmo que eles estejam disponíveis ou que professores e alunos já tenham se acostumado com o seu uso. O segundo tipo de distância tecnológica diz respeito aos problemas de acesso e domínio das competências básicas para o uso das tecnologias mais avançadas em projetos educacionais. A utilização ampliada de tecnologias de ponta em educação, sem a necessária e urgente democratização do acesso à internet, certamente vai provocar uma grande lacuna, uma enorme distância cultural na sociedade.

A inclusão digital também deve ser pensada como forma de diminuir os problemas de acesso à educação para aqueles que têm problemas físicos que dificultam a participação plena em atividades escolares tradicionais. Dispositivos, *softwares* e programas especiais para pessoas com problemas de visão, audição, comunicação oral etc. podem diminuir a distância e garantir melhor aprendizado para todas as pessoas, independentemente de suas condições físicas e sociais.

Distância social, econômica, psicológica e cultural

A distância social ocorre pela inexistência de oportunidades no ensino presencial que possam garantir a oferta de educação para todas as pessoas indistintamente. O número de espaços, a otimização dos horários de funcionamento e o efetivo de funcionários e de professores disponíveis nos prédios escolares determinam a quantidade de vagas possíveis de serem ocupadas nos estabelecimentos. A corrida em busca de um lugar nas escolas e universidades é sempre grande e os processos seletivos definem a vitória de uns poucos aprovados em detrimento da grande massa de cidadãos que também tem o direito constitucional de acesso à educação e anseia por isso. A distância entre os alunos matriculados e os excluídos do sistema é grande e repercute diretamente nas posições econômicas e sociais que esses contingentes irão ocupar na sociedade.

As novas formas de educação a distância ainda são vistas com as mesmas desconfianças e os mesmos preconceitos atribuídos aos formatos tradicionais do ensino por correspondência, supletivos e de segunda ordem. Em grande parte, os projetos educacionais – públicos e privados – que estão em curso reproduzem a realidade anterior dos cursos e projetos do ensino a distância. Vigora nessas iniciativas a ênfase na capacitação tecnicista, no aligeiramento e na superficialidade com que são tratados os conteúdos e na proposta de certificação em massa de alunos despreparados.

Projetos educacionais de qualidade podem ser realizados. A educação a distância pode vir a ser uma forma viável e democrática de ampliar a oferta educacional para todas as pessoas. A abolição das restrições de espaço e tempo para a realização de ensino de qualidade para todos esbarra, no entanto, na democratização do acesso à tecnologia e na formação de professores e profissionais para a viabilização de projetos educacionais significativos.

Educação a distância *ou* web learning?

O uso das tecnologias digitais para a realização de projetos educacionais a distância ampliou-se nos últimos anos. Inúmeras iniciativas surgiram com denominações diferentes e que confundem os próprios usuários e interessados nessa modalidade de ensino. Usadas frequentemente como expressões equivalentes, elas se referem a formas específicas de ensino, quer se realizem nas modalidades tradicionais do ensino formal, quer sejam atividades livres ou relacionadas a programas de formação continuada. A professora Elisabeth Almeida oferece uma boa contribuição para esclarecer essas terminologias. Para ela, educação *on-line*, educação a distância e *e-learning* são termos usuais da área, porém, não são congruentes entre si.

A educação a distância, por exemplo, realiza-se pelo uso de diferentes meios (correspondência postal ou eletrônica, rádio, televisão, telefone, fax, computador, internet etc.). Baseia-se tanto na noção de distância física entre o aluno e o professor, como na flexibilidade do tempo e na localização do aluno em qualquer espaço.

Educação *on-line* é uma modalidade de educação a distância realizada via internet, cuja comunicação ocorre de forma síncrona ou assíncrona. Nesse tipo de ensino, usa-se a internet para distribuir rapidamente as informações e para concretizar a interação entre as pessoas. A interação pode ser através de formas diferenciadas de comunicação, como:

- Comunicação entre uma e outra pessoa, como é o caso da comunicação via *e-mail*, que pode ter uma mensagem enviada para muitas pessoas, desde que exista uma lista específica para tal fim. Sua concepção é a mesma da correspondência tradicional, portanto, existe uma pessoa que remete a informação e outra que a recebe.
- Comunicação de uma pessoa para muitas pessoas, como ocorre no uso de fóruns de discussão, nos quais existe um mediador e todos que têm acesso ao fórum enxergam as intervenções e fazem suas intervenções.
- Comunicação de muitas pessoas para muitas pessoas, ou comunicação estelar, que pode ocorrer na construção colaborativa de um *site* ou na criação de um grupo virtual, como é o caso das comunidades colaborativas em que todos participam da criação e do desenvolvimento da própria comunidade e respectivas produções. (Almeida 2003, p. 332)

Já o *e-learning* surgiu como opção das empresas para o treinamento de seus funcionários a distância, com o uso da internet. Em geral, são cursos de autoaprendizagem, com baixa interação do aluno com outras pessoas. O aluno interage com o conteúdo sequenciado disponível em um ambiente digital e, em alguns casos, encaminha por *e-mail* suas dúvidas a um "tutor" ou professor. Segundo Almeida, em virtude do baixo aproveitamento do potencial de interatividade das TICs na criação de condições que concretizem a interação entre as pessoas, a troca de experiências e informações, a resolução de problemas, a análise colaborativa de cenários e os estudos de casos específicos, os profissionais envolvidos com o *e-learning* vêm denunciando a desmotivação dos alunos, os altos índices de desistência e o baixo nível de aprendizagem nessa modalidade.

Para resolver essas questões, o *e-learning* começa a incorporar atividades que possuam maior grau de interação e cooperação entre os alunos. Considerado no momento a solução para superar as dificuldades de tempo, deslocamento e espaço físico que comporte muitas pessoas reunidas, o *e-learning* continua sendo apontado como a tendência atual de treinamento, aprendizagem e formação continuada no setor empresarial (Almeida 2003).

O meio digital possibilita o uso de abordagens educacionais que, segundo Almeida, podem ter como foco:

- O material instrucional disponível, cuja abordagem está centrada na informação fornecida por um tutorial ou livro eletrônico hipermediático. Essa abordagem se assemelha à autoinstrução e distribuição de materiais, chegando a dispensar a figura do professor.

- O professor, considerado o centro do processo educacional, o que indica abordagem centrada na instrução fornecida pelo professor, que recebe distintas denominações de acordo com a proposta do curso.

- O aluno, que aprende por si mesmo, em contato com os objetos disponíveis no ambiente, realizando as atividades propostas em seu tempo e em seu espaço.

- As relações que podem se estabelecer entre todos os participantes, evidenciando um processo educacional colaborativo, no qual todos se comunicam com todos e podem produzir conhecimento, como ocorre nas comunidades virtuais colaborativas.

Um mesmo curso a distância pode oferecer vários desses focos, conforme os objetivos pretendidos. Em termos de relações híbridas, o curso não precisa ser realizado totalmente no ambiente digital. Recursos como CD-Roms, material impresso – entregue pelo correio –, fitas de áudio e vídeo, teleconferências e aulas presenciais são utilizados regularmente em articulações híbridas de ensino.

O artigo 80 da Lei de Diretrizes e Bases da Educação Nacional introduz a educação a distância como modalidade válida para se fazer educação no Brasil. Em sua regulamentação, pelo decreto 2.494 de 10/2/98, indica como característica da educação a distância a autoaprendizagem mediada por recursos didáticos. As possibilidades tecnológicas, no entanto, alargam amplamente essa função.

Educação a distância não é nem apenas um processo exclusivo de autoaprendizagem nem uma forma massiva de oferecer treinamento superficial e supostamente com menor custo operacional.

A educação a distância com qualidade é cara e trabalhosa. Envolve equipes de profissionais e tecnologias que garantam a interlocução, o trabalho em grupos, a reflexão e a descoberta de caminhos novos e diferenciados de aprendizagem individual e coletiva. Ela possibilita a gestão individual de espaço e tempo, para os alunos acessarem os conhecimentos e aprenderem, respeitando seus ritmos e limitações.

A educação a distância não pode ser apenas uma forma de garantir o atendimento a alunos que estejam temporária ou periodicamente impedidos de frequentar os espaços geográficos das escolas – alunos doentes, presidiários, situados em locais distantes etc. São esses, exatamente, os que mais precisam de interação e da comunicação com outros estudantes e com os professores, para, com eles, viabilizarem propostas dinâmicas de aprendizagem em que possam exercer e desenvolver as concepções sócio-históricas da educação – nos aspectos cognitivo, ético, político, científico, cultural, lúdico e estético – em toda a sua plenitude. E, dessa forma, garantir a formação de pessoas para o exercício da cidadania e do trabalho com liberdade e criatividade.

Referências bibliográficas

ALMEIDA, M.E.B. (2003). "Educação a distância na internet: Abordagens e contribuições dos ambientes digitais de aprendizagem". *Educação e Pesquisa*, vol. 29, n. 2 (jul.-dez.).

AZEVEDO, J. (2004). "A educação básica e a formação profissional face aos novos desafios econômicos". Em www.campus-oei.org/administracion/azevedop.htm. Acesso em 25/2/04.

BORGES, P. (2003). "A força da internet nas salas de aula". *Correio Brasiliense*. Caderno Especial, 15/4. Em www2.correioweb.com.br/cw/EDICAO_20030415/sup_gab_150403_49.htm. Último acesso em 19/1/07.

DONATELI, I.W. (2002). "Fora da sala de aula?". *Revista de Educação e Informática*, n. 16.

FREITAS, H. (2004). "Certificação de professores: Regulação e desprofissionalização do trabalho docente". *Revista Adusp* 32 (abr.). Em www.adusp.org.br/revista/32/Default.htm. Acesso em 2/5/04.

JACQUINOT, G. (1993). "Apprivoiser la distance et supprimer l'absence? ou les défis de la formation à distance". *Revue Française de Pédagogie*, n. 102 (jan.-fev.-mar.).

KENSKI, V.M. (2006). *Tecnologias e ensino presencial e a distância.* 3ª ed. Campinas: Papirus.

PERAYA, D. (2004). "Réalisation d'un dispositif de formation entièrement ou partiellement à distance". Em www.tecfa.unige.ch/tecfa/teaching/staf17/102/ress/doc/p2_pedag/dim_pedag.pdf. Acesso em 3/3/04.

PONTE, J.P. (2004). "Tecnologias de informação e comunicação na formação de professores: Que desafios?". Em www.campus-oei.org/revista/rie24a03.htm. Acesso em 25/2/04.

PRETTO, N. (2002). "Desafios para educação a distância na era da informação: O presencial, a distância, as mesmas políticas e o de sempre". *In*: BARRETO, R. (org.). *Tecnologias educacionais e educação a distância: Avaliando políticas e práticas.* Rio de Janeiro: Quartet.

_____ (2004). "No tabuleiro da faced tem". Em www.ufba.br/~pretto/tabuleiro/no_tabuleiro_da_faced_tem.htm. Acesso em 15/4/04.

TAKAHASHI, T. (org.) (2001). *Livro verde da sociedade da informação no Brasil*. Em www.socinfo.org.br/livro_verde/download.htm. Acesso em 20/2/04.

5
DAS SALAS DE AULA AOS AMBIENTES VIRTUAIS DE APRENDIZAGEM

Desde que as tecnologias de comunicação e informação começaram a se expandir pela sociedade, aconteceram muitas mudanças nas maneiras de ensinar e aprender. Independentemente do uso mais ou menos intensivo de equipamentos midiáticos nas salas de aula, professores e alunos têm contato durante todo o dia com as mais diversas mídias. Guardam em suas memórias informações e vivências que foram incorporadas das interações com filmes, programas de rádio e televisão, atividades em computadores e na internet. Informações que se tornam referências, ideias que são capturadas e servem de âncora para novas descobertas e aprendizagens, que vão acontecer de modo mais sistemático nas escolas, nas salas de aula. Um programa de TV, a notícia no telejornal, a campanha feita pelo rádio, mensagens trocadas na internet, jogos interativos de todos os tipos são fontes de informações e de exemplos que ajudam a compreensão de conteúdos e a aprendizagem.

Essas mediações já nos encaminham para a compreensão de que é muito difícil pensar que as atividades de ensino-aprendizagem possam ocorrer exclusivamente em ambientes presenciais. Na realidade, o processo

Educação e tecnologias 85

educacional é predominantemente uma relação semipresencial. Impossível pensar que todas as atividades educativas previstas ocorram exclusivamente no espaço da escola, na sala de aula, diante de um professor. Os exercícios e as atividades realizadas individualmente ou em grupo como tarefas domiciliares já expõem o caráter semipresencial das atividades de aprendizagem. Há que se considerar, também, que a formação educacional realizada em projetos a distância não prescinde de atividades presenciais, realizadas eventualmente, para atendimentos, realização de aulas práticas ou avaliações. Em relação à distância geográfica, portanto, considera-se que um projeto é de educação a distância quando a maior proporção das atividades é realizada longe dos estabelecimentos de ensino. Resta agora refletir sobre o que a tecnologia tem a ver com tudo isso.

As tecnologias de comunicação e informação são utilizadas em atividades de ensino de uma forma bem diferente do seu uso costumeiro, como mídias. O espaço da mediação das TICs em educação é claro, as pessoas envolvidas no processo – professores e alunos – são conhecidas e os fins a que se destinam são determinados e estão diretamente articulados com os objetivos do ensino e da aprendizagem.

Um filme apresentado em um canal de televisão, por mais didático que seja, não está inserido numa proposta formal de ensino. O mesmo filme pode ser aproveitado em uma situação educativa em sala de aula, mas, para isso, outros critérios de planejamento devem ser cuidados. Assim, a apresentação do filme será apenas um momento do processo de ensino-aprendizagem. Sua apresentação deve ser condicionada ao tipo de aluno, ao conteúdo que se quer trabalhar e aos objetivos de aprendizagem que se pretende alcançar. É preciso uma preparação prévia dos alunos para "olharem" o filme, colocarem-se em atenção e predisposição para a observação e análise crítica do que vai ser visto. É preciso, depois, canalizar todo o envolvimento dos estudantes com as cenas vistas para a formulação de debates, conversas e atividades comunicativas entre eles, de forma que orientem a reflexão sobre o conteúdo que deve assimilado e trabalhado criticamente. Outras atividades posteriores vão orientar o caminho que os levará das experiências observadas no filme aos processos de construção e de sistematização das próprias aprendizagens.

As tecnologias mais amplamente utilizadas – como o livro, os vídeos e a televisão – ampliam o espaço da sala de aula, mas precisam de planejamento adequado. A simples apresentação de um filme ou programa de televisão – sem nenhum tipo de trabalho pedagógico anterior ou posterior à ação – desloca professores e alunos para uma forma receptiva e pouco ativa de ensino. Essas atividades se enquadram em formas de ensino (e de comunicação) indiferenciadas e impessoais. A narrativa do filme desloca da relação professor-aluno o processo da interação comunicativa. Novos personagens adentram a sala de aula e, diante de um público receptivo, informam, atuam, movimentam emoções e reflexões. Em muitos casos, quando não trabalhados pedagogicamente nas aulas posteriores, os assuntos caem rapidamente no esquecimento. O simples uso de tecnologias não altera significativamente os espaços físicos das salas de aula e nem as dinâmicas utilizadas para ensinar e aprender.

Uma forma também tradicional de uso das tecnologias em educação, embora possua um pouco mais de resposta por parte do aluno, ocorre em atividades de ensino assistidas por computador. Embora a tecnologia seja avançada, a forma como é usada em muitos casos é bem convencional. Nos cursos de autoaprendizagem, por exemplo, o estudante acessa a unidade de conteúdo já disponível no computador (via CD-Rom ou mesmo pela internet) e começa a ler e responder ao que lhe é solicitado, em geral na forma de questões de múltipla escolha. Imagens, cores, movimentações de bonecos e palhaços aparecem na tela do computador e, em meio às atividades, procuram "interagir" com o estudante. Nesse tipo de ensino, o computador desempenha funções de professor eletrônico, procurando transmitir aos alunos conhecimentos predefinidos e proporcionar o desenvolvimento de destrezas básicas. Os *programas tutoriais* procuram explicar matéria nova e proporcionar novos conhecimentos. Funcionam como livros em que as páginas de papel são substituídas por sucessivas telas de computador. Cursos em *cbt (computer based training)* e *wbt (web based training)* procuram treinar os alunos com base na resolução repetitiva de exercícios, em níveis progressivos de dificuldade.

Esse tipo de uso do computador e da internet em atividades de ensino define uma visão tradicionalista, em que não se considera o aluno que aprende ou o contexto em que ocorre a educação. Os objetivos fundamentais da educação, dessa perspectiva, estão na transmissão de informações e na aquisição de destrezas, mas nem essas competências são alcançadas. Os alunos, isolados, em interação exclusiva com o computador e o conteúdo, logo desanimam. Esse tipo de uso das tecnologias para o ensino evidencia o seu papel como suporte para a apresentação indiferenciada de conteúdos que serão, posteriormente, verificados nas respostas dos estudantes aos testes e exercícios, respostas essas que devem corresponder às formuladas antecipadamente pelos professores. Aprender, nesse caminho, significa treinar, adestrar, repetir. Isolado e interagindo apenas com o programa de ensino e, eventualmente, com um "tutor" ou assistente *on-line*, para tirar dúvidas, o aluno é instruído e adestrado para apresentar comportamentos "operacionais" de aprendizagem que interessam diretamente às empresas e aos espaços de trabalho em que atuam.

A visão redutora do uso das tecnologias digitais em atividades educacionais tem produzido mais pessoas insatisfeitas – tanto do lado dos estudantes quanto dos produtores e técnicos responsáveis pelos cursos – e desconfiadas em relação à eficácia do uso das TICs. A preocupação da educação deve ir além desse treinamento. É preciso que os alunos ganhem autonomia em relação a suas próprias aprendizagens, que consigam administrar seus tempos de estudo, que saibam selecionar os conteúdos que mais lhes interessam, que participem das atividades, independentemente do horário ou local em que estejam. A grande revolução no ensino não se dá apenas pelo uso mais intensivo do computador e da internet em sala de aula ou em atividades a distância. É preciso que se organizem novas experiências pedagógicas em que as TICs possam ser usadas em processos cooperativos de aprendizagem, em que se valorizem o diálogo e a participação permanentes de todos os envolvidos no processo.

As tecnologias ampliam as possibilidades de ensino para além do curto e delimitado espaço de presença física de professores e alunos na mesma sala de aula. A possibilidade de interação entre professores, alunos, objetos e informações que estejam envolvidos no processo de ensino redefine toda a dinâmica da aula e cria novos vínculos entre os participantes. Paradoxalmente, o uso adequado das tecnologias em atividades de ensino a distância pode criar laços e aproximações bem mais firmes do que as interações que ocorrem no breve tempo da aula presencial.

Um conceito interessante para medir o grau de interação em atividades educativas é apresentado por Moore (2004). É o conceito de "distância transacional", ou seja, a distância física e comunicativa em sala de aula.

Para Moore, a distância transacional será maior ou menor, dependendo da forma como os alunos são tratados: se "são abandonados à própria sorte, com seus materiais de estudo, ou se podem se comunicar com os professores. Isso significa que, havendo mais comunicação entre alunos e professores, a distância entre eles é menor, independentemente da distância física". Outro fator que influencia a distância transacional é a estrutura do material de ensino. Quanto mais o direcionamento dos alunos está determinado na estrutura do material, maior a distância transacional. Assim, "a distância transacional atinge seu auge quando docentes e discentes não têm qualquer intercomunicação e quando o programa de ensino foi predefinido em todos os detalhes e prescrito compulsoriamente; conseqüentemente, as neces-sidades individuais não podem ser respeitadas".

Com base na proposta de Moore e levando-se em consideração que a aprendizagem será mais significativa quanto maior for o grau de interação e comunicação entre os participantes do processo, novas técnicas e tecnologias vêm sendo desenvolvidas, visando obter o máximo de aproximação nas atividades realizadas a distância, no ciberespaço. Segundo o professor Romero Tori (2002):

> O resultado é que, enquanto vemos muitos cursos tradicionais sustentando-se única e exclusivamente na proximidade natural de suas aulas presenciais, a educação mediada pelas tecnologias não pára de evoluir e de criar condições para a efetiva redução de distâncias. Esse avanço tecnológico pode ser utilizado não apenas em cursos a distância, mas em cursos presenciais.

E pergunta: "Se a tecnologia pode criar aproximação onde existe distância física, não poderia ser utilizada na redução de distâncias transacionais em cursos presenciais?". A resposta é que não apenas pode como muitas escolas já começam a fazê-lo, principalmente no ensino superior, para o qual já existe a possibilidade legal de oferecimento na modalidade semipresencial. Entre inúmeras possibilidades, Tori destaca algumas que podem ser utilizadas em uma forma híbrida (presencial/a distância) de ensino. São elas:

- substituição de aulas expositivas, com grande número de alunos, por material interativo *on-line*, complementado por aulas presenciais, com menor carga horária e pequeno número de alunos, destinadas a atividades que envolvam discussões, esclarecimentos de dúvidas, dinâmicas de grupo, orientações;
- gravação em vídeo de aulas magnas, sincronização com os respectivos *slides* de apresentação e disponibilização aos alunos, via servidores de *video streaming*;
- criação de fóruns de discussão por série, por área, por disciplina e por projeto;
- oferecimento de monitoria *on-line* aos alunos;
- oferecimento de laboratórios virtuais, que permitam aos alunos a realização de experiências preparatórias, reduzindo-se o tempo necessário para experimentações em laboratórios reais ou, em alguns casos, substituindo-se laboratórios que ocupam espaço físico;
- apoio a projetos colaborativos, mesmo que realizados em sala de aula, por meio de recursos virtuais;
- oferecimento aos alunos de conta para acesso via internet a: área em disco virtual, conteúdos e laboratórios virtuais, fóruns de discussão, biblioteca virtual e outros recursos de apoio. (Tori 2002)

O que se conclui é que, com o uso intensivo desses procedimentos, ainda que a sala seja o espaço do encontro físico entre alunos e professores, a aula se expande e incorpora novos ambientes e processos, por meio dos quais a interação comunicativa e a relação ensino-aprendizagem se fortalecem.

As mudanças de percepção sobre as TICs na escola

O ambiente das escolas tem sofrido algumas alterações nos últimos anos, conforme se abre para o uso mais intenso das tecnologias digitais. Vistos no início com desconfiança e como modismo, os computadores foram utilizados em projetos experimentais e em atividades isoladas de ensino, sem maiores interações com os programas e projetos pedagógicos das escolas. A pressão social levou muitas escolas a inserir o "laboratório de informática" como um apêndice, um diferencial a mais para atrair novos alunos. A proposta curricular dos cursos, no entanto, não se beneficiava dessa inserção. Mesmo nas escolas pedagogicamente mais avançadas, raras eram as tentativas de interação e de realização de propostas interdisciplinares que envolvessem as atividades de informática realizadas no colégio. Assim como as aulas de educação física e de arte, as aulas de informática dificilmente eram integradas no processo e na proposta pedagógica como espaços importantes e críticos para aquisição de conhecimentos, espírito crítico e o desenvolvimento de aprendizagens e comportamentos sociais mais significativos.

O computador, considerado como mais um equipamento – ao lado da televisão, do rádio, do retroprojetor e de outros "recursos" –, desde que se inseriu nas atividades pedagógicas nas escolas, gradualmente, passou a ser visto de maneira diferente. Com a internet, a interatividade entre computadores, o acesso irrestrito a bancos de dados localizados em qualquer lugar do mundo e a possibilidade de comunicação entre os usuários transformaram, ainda que de forma sutil, a maneira como professores e todo o pessoal das escolas passaram a perceber os usos dessas máquinas e a integrá-los nos processos de ensino.

Em um primeiro momento, o computador era pensado como uma máquina de escrever aperfeiçoada e com memória. Algum tempo depois, professores e alunos se iniciaram na aprendizagem das linguagens e dos processos que podiam ser realizados na "máquina". Durante muito tempo, alunos iam para os laboratórios de informática aprender uma determinada linguagem, o Logo. Essa atividade, no entanto, não era articulada às demais práticas. A despeito da riqueza do que era possível realizar em termos de desenvolvimento do raciocínio dos alunos e para aprendizagens de conceitos específicos, a aula de informática era, em geral, isolada. Logo depois, com o aparecimento de novos programas e de *softwares* especiais, iniciou-se o treinamento mais sistemático de professores e alunos. Nos cursos de capacitação oferecidos para professores de escolas públicas, a ênfase era para o treinamento no uso de *softwares* comerciais, principalmente os da Microsoft. Professores se entusiasmavam em aprender a usar processadores de textos, o *power point* e o *paintbrush*, por exemplo. Animavam-se quando descobriam que podiam desenhar no computador, aprender a fazer planilhas, para colocar notas dos alunos, criar gráficos, brincar de recortar e colar

Educação e tecnologias 91

textos, misturar documentos e imagens. A proposta que orientava essas aprendizagens oriundas de programas de treinamento oficiais enfatizava a instrumentação técnica para o uso da tecnologia. Com base nas experiências docentes, no contexto em que atuavam os professores e no interesse dos alunos é que se planejavam os projetos para a inserção dessas tecnologias nas atividades de ensino. O ensino de informática educativa, no entanto, continuava totalmente apartado do resto da proposta pedagógica da escola.

Em um segundo momento, vieram os periféricos, CDs, DVDs, programas interativos, enciclopédias, imagens, sons. O computador já era visto como um novo auxiliar, "um recurso" para ajudar nas pesquisas e realizar alguns trabalhos diferentes. O professor de "informática educativa" já começava a receber novas demandas de professores e alunos para a realização de projetos "interdisciplinares". Professores encomendavam pesquisas e atividades que eram realizadas nas aulas de informática. Os alunos digitalmente recortavam textos e imagens dos acervos disponíveis nas bases de dados dos computadores e dos CD-Roms específicos e, muitas vezes, sem ler, concluíam suas pesquisas. Como os estudantes se sobrepõem nos conhecimentos tecnológicos a muitos de seus professores, que não sabem como mostrar suas inquietações e desconhecimentos, a ênfase ainda está no uso da tecnologia como ferramenta e suporte para a aprendizagem. Os professores veem que os alunos conseguem encontrar informações em fontes diferenciadas, sobretudo em programas de computador, aos quais nem sempre eles têm acesso. Amplia-se o fosso informacional entre professores e alunos que têm acesso aos computadores e os que não têm. Em algumas escolas e instituições de ensino, cria-se o "movimento dos sem-tela", reivindicando o acesso e o uso mais intensivo dos computadores em situações de ensino. Professores e técnicos começam a compreender que, além da fluência no uso da tecnologia digital, é preciso ter formação específica para o uso pedagógico do computador.

O grande salto nas relações entre educação e tecnologias dá-se, no entanto, em um terceiro momento, com as possibilidades de comunicação entre computadores e o surgimento da internet, possibilitando o acesso à informação em qualquer lugar do mundo. Surgem os primeiros projetos integrando escolas, professores e alunos em locais e níveis de ensino diferentes. No início dos cursos, são criadas as listas de *e-mails* com os endereços eletrônicos de professores, alunos, pais, que são utilizadas para o envio de comunicados e trocas de informações. A sala de aula se abre para o restante do mundo e busca novas parcerias e processos para ensinar e aprender. Comunicações entre alunos e professores se tornam comuns fora da sala de aula. Professores e alunos são contatados via *e-mail* em qualquer lugar, a qualquer hora. Dependendo do assunto, listas de discussões, fóruns e *chats* acontecem cada vez com mais frequência. As aulas se deslocam dos horários e espaços rígidos das salas presenciais e começam a criar vida de forma cada vez mais intensiva no ciberespaço. O ensino mediado pelas tecnologias digitais redimensiona os papéis de todos os envolvidos no processo educacional. Novos procedimentos pedagógicos são exigidos. Em um mundo que muda rapidamente, professores procuram auxiliar seus alunos a analisar situações complexas e inesperadas; a desenvolver a criatividade; a utilizar outros tipos de "racionalidade": a imaginação criadora, a sensibilidade tátil, visual e auditiva, entre outras. O respeito às diferenças e o sentido de responsabilidade são outros aspectos que os professores procuram trabalhar com seus alunos. Aprender a ser – professores e alunos – cidadãos do país e do mundo é uma necessidade advinda com as parcerias nos projetos educacionais em rede.

Em um momento mais recente, a evolução tecnológica redesenha a sala de aula em um novo ambiente virtual de aprendizagem. Localizado no ciberespaço, o ambiente virtual disponível pela internet é para poucos. O acesso é restrito a alunos e professores. É preciso se identificar e ter uma senha. Depois da identificação e do acesso, um novo espaço educacional se apresenta. Um espaço que merece ser explicado com mais detalhes a seguir.

O movimento de incorporação do computador a atividades e projetos de ensino de professores em qualquer área do conhecimento ainda hoje é incipiente. Mas os professores não são os únicos e nem os principais responsáveis. Os principais fatores que levam ao menor uso das mais novas TICs em situações de ensino têm outra origem. Iniciam-se pelos problemas de acesso aos equipamentos. A grande maioria não consegue utilizar esses equipamentos em outros locais que não na escola (mesmo em escolas com razoável disponibilidade de recursos tecnológicos, eles não existem em número suficiente para uso a qualquer tempo). Ao contrário de outras mídias – como o rádio e a televisão, considerados utensílios domésticos e

Educação e tecnologias

presentes em todas as casas –, o computador ainda é equipamento caro e raro. A falta de manutenção, a obsolescência rápida de *softwares*, programas e dos próprios equipamentos condicionam negativamente as escolas, em geral, e os professores, em particular, ao uso mais intensivo dessas mídias. Outros fatores como currículo fragmentado, carga horária, formação deficiente de professores para o uso pedagógico das novas tecnologias apresentam-se também como obstáculos para a sua realização.

O uso da tecnologia digital no Brasil vem ocorrendo com maior intensidade nas instituições educacionais nos últimos dez anos. Ainda assim, pouco mais de 10% das instituições públicas de ensino possui computadores e acesso à internet disponíveis para atividades de ensino. O tempo é relativamente curto para tantas mudanças. É também um tempo longo, quando se pensa nas defasagens existentes na formação de profissionais para o uso adequado dessas tecnologias na educação. Um tempo desigual na distribuição e no acesso ao uso mais intensivo desses equipamentos, máquinas, programas e soluções tecnológicas pelos que atuam – principalmente professores e alunos – em escolas de todo o país.

Ambientes virtuais de aprendizagem

Como um novo espaço possibilitado pelas tecnologias digitais, surgem os ambientes virtuais, uma outra realidade, que pode existir paralelamente aos ambientes vivenciais concretos (aqueles nos quais estamos fisicamente presentes) e se abre para a criação de espaços educacionais radicalmente diferentes.

Ambientes digitais de aprendizagem

são sistemas computacionais disponíveis na internet, destinados ao suporte de atividades mediadas pelas tecnologias de informação e comunicação. Permitem integrar múltiplas mídias, linguagens e recursos, apresentar informações de maneira organizada, desenvolver interações entre pessoas e objetos de conhecimento, elaborar e socializar produções, tendo em vista atingir determinados objetivos. As atividades se desenvolvem no tempo, ritmo de trabalho e espaço em que cada participante se localiza, de acordo com uma intencionalidade explícita e um planejamento prévio denominado *design educacional*, o qual constitui a espinha dorsal das atividades a realizar, sendo revisto e reelaborado continuamente no andamento da atividade. (Almeida 2003, p. 331)

Esses espaços virtuais de aprendizagem oferecem condições para a interação (síncrona e assíncrona) permanente entre seus usuários. A hipertextualidade – funcionando como sequências de textos articulados e interligados, entre si e com outras mídias, sons, fotos, vídeos etc. – facilita a propagação de atitudes de cooperação entre os participantes, para fins de aprendizagem. A conectividade garante o acesso rápido à informação e à comunicação interpessoal, em qualquer tempo e lugar, sustentando o desenvolvimento de projetos em colaboração e a coordenação das atividades. Essas três características – interatividade, hipertextualidade e conectividade – já garantem o diferencial dos ambientes virtuais para a aprendizagem individual e grupal.

No ambiente virtual, a flexibilidade da navegação e as formas síncronas e assíncronas de comunicação oferecem aos estudantes a oportunidade de definirem seus próprios caminhos de acesso às informações desejadas, afastando-se de modelos massivos de ensino e garantindo aprendizagens personalizadas.

Os ambientes virtuais de aprendizagem caracterizam-se, assim, como espaços em que ocorre a "convergência do hipertexto, *multimedia*, realidade virtual, redes neurais, agentes digitais e vida artificial" (Kerckhove 1999, p. 7), desencadeando um senso partilhado de presença, de espaço e de tempo. Possibilita, dessa forma, a criação do que Derrick Kerckhove (*id.*, p. 8) considera como um "entorno vivo, quase orgânico de inteligências humanas trabalhando em muitas coisas que tenham relevância potencial para os demais", a *webness*. A expressão *webness* designa o modelo idealizado de processo de aprendizagem cooperativo, característico da sociedade digital.

As características tecnológicas do ambiente virtual devem garantir o sentimento de telepresença, ou seja, mesmo que os usuários estejam distantes e acessem o mesmo ambiente em dias e horários diferentes, eles se sintam como se estivessem fisicamente juntos, trabalhando no mesmo lugar e ao mesmo tempo. Para que essas funcionalidades aconteçam, é preciso que, muito além das tecnologias disponíveis e do conteúdo a ser trabalhado em uma disciplina ou projeto educativo, instale-se uma *nova pedagogia*.

Os primeiros projetos de construção de ambientes virtuais de aprendizagem destinados à educação iniciaram-se em meados da década de 1990, ocasionados por uma grande mudança na internet, graças a dois acontecimentos: a criação do primeiro navegador para a *web* – o *browser* (os mais conhecidos são o Netscape e o Explorer) – e a abertura da internet ao uso comercial, incorporando atividades de empresas. As primeiras atividades na *web* eram totalmente textuais, sem imagens, gráficos ou sons. Eram possíveis a comunicação e a interação de usuários com a utilização apenas da escrita no fundo permanentemente escuro (preto ou verde) das telas do computador. Um grande salto ocorreu com a tecnologia de janelas gráficas, ou seja, a inserção de programas do tipo do *windows* (janelas, em inglês). Com a janela gráfica, foi possível a representação da informação não mais apenas com textos, mas também na forma de imagens, trazendo uma linguagem icônica para as telas dos computadores. Desse modo, pela simples visualização de um ícone, mesmo sem saber o idioma em que o texto está escrito, é possível acessar os programas desejados.

Com o desenvolvimento de novas funções na *web*, algumas universidades e empresas começaram a oferecer sistemas para serem utilizados em atividades educacionais. Esses ambientes virtuais, destinados à educação, são basicamente de dois tipos: o primeiro, desenvolvido com base em um servidor *web*, utiliza sistemas abertos ou distribuídos livremente na internet. Estão nesse caso alguns ambientes brasileiros como o Teleduc (desenvolvido pela Unicamp) e o Aulanet (desenvolvido pela PUC-Rio); o outro corresponde aos sistemas que funcionam em uma plataforma chamada proprietária. Nesses, apenas a empresa que construiu o ambiente pode realizar o seu desenvolvimento e a sua venda. A maioria desses ambientes (Webct, LearningSpace, Blackboard etc.) é de propriedade de empresas e universidades estrangeiras.

As primeiras versões de ambientes virtuais de aprendizagem para educação foram modeladas com base em quatro estratégias relativas a suas funcionalidades:

- Incorporar elementos já existentes na *web*, como correio eletrônico e grupo de discussão.
- Agregar elementos para atividades específicas de informática, como gerenciar arquivos e cópias de segurança.
- Criar elementos específicos para a atividade educacional, como módulos para o conteúdo e a avaliação.
- Adicionar elementos de administração acadêmica sobre curso, alunos, avaliações e relatórios. (Araújo *et al*. 2003, p. 344)

Os primeiros ambientes ainda estavam ligados à visão de uma sala de aula presencial, mas "o uso desses ambientes mostrou, no entanto, que se tratava de uma outra realidade educacional, com características e sentidos próprios" (Araújo *et al*. 2003, p. 344).

Para que fique claro o que é um ambiente virtual de aprendizagem, vou apresentar mais detalhadamente um modelo. Escolhi o ambiente Teleduc, desenvolvido no Brasil pelo Núcleo de Informática Aplicada à Educação (Nied) da Unicamp. Sua distribuição é livre e está disponível para *download* em www.nied.unicamp.br. Seu objetivo é oferecer um ambiente digital que permita ao professor elaborar e acompanhar cursos via *web*. Desenvolvido de forma participativa, baseado na análise de várias experiências realizadas por professores e pelos profissionais do Nied/Unicamp em aulas presenciais, todas as ferramentas disponíveis foram idealizadas, projetadas e melhoradas de acordo com as necessidades e experiências de situações de ensino.

O ambiente Teleduc tem quatro tipos de usuários: o administrador, que é responsável pela criação, organização, extração de cursos, entre outras funções; o coordenador, que seleciona as ferramentas do ambiente que vai utilizar, insere os alunos e gerencia o curso; o formador, que auxilia o coordenador nas tarefas de gerenciamento; e os alunos, que acessam as ferramentas para realizar as atividades. O primeiro passo para criar um curso no ambiente Teleduc é o envio de um *e-mail* pelo coordenador para o administrador do ambiente, que cria o curso. Uma vez aberto o espaço do curso, o coordenador cadastra os auxiliares, os formadores e seleciona as ferramentas. São, então, colocadas informações e atividades que serão gradualmente disponibilizadas para os alunos no transcorrer do curso. Para participar, o aluno acessa a página central do ambiente via internet e se inscreve nos cursos disponíveis. Após a análise do cadastro, o professor enviará a resposta de aceite ou não da matrícula do aluno. Este receberá uma identidade inicial (*login*) e uma senha para iniciar sua participação.

Todos os usuários do ambiente – professores, formadores e alunos – precisam se identificar (*login* e senha) sempre que quiserem acessar o curso. Quando o aluno acessa o curso, logo vê uma página de entrada. Essa página é dividida em duas partes. À esquerda, estão as ferramentas que serão utilizadas. À direita, fica o espaço em que são apresentados textos e imagens ligados ao conteúdo correspondente à ferramenta selecionada. O Teleduc tem ferramentas que permitem a apresentação de informações, a disponibilização de conteúdo e a comunicação entre os participantes do curso.

As ferramentas e seus usos, no ambiente Teleduc, são as seguintes:

- Estrutura do ambiente: Disponibiliza informações sobre as ferramentas do ambiente.
- Dinâmica do curso: Contém informações sobre as estratégias metodológicas e a organização do curso.
- Agenda: É a página de entrada do curso com a programação diária, semanal ou mensal.
- Atividades: Apresenta as atividades a serem realizadas durante o curso.
- Material de apoio: Exibe informações úteis relacionadas à temática do curso, subsidiando o desenvolvimento das atividades propostas.
- Leituras: Evidenciam artigos relacionados à temática do curso e algumas sugestões de revistas, jornais, endereços na *web*.
- Perguntas freqüentes: Abrange a relação das perguntas realizadas com maior freqüência durante o curso e as respectivas respostas.
- Parada obrigatória: Contém materiais que visam desencadear reflexões e discussões entre os participantes ao longo do curso.
- Grupos: Permite a criação de grupos de pessoas para facilitar a distribuição de tarefas.
- Mural: Consiste num espaço reservado para todos os participantes

disponibilizarem informações consideradas relevantes no contexto do curso.

- Fóruns de discussão: Possibilitam o acesso a uma página que contém os tópicos em discussão naquele momento do curso.
- Bate-papo: Permite uma conversa em tempo real entre os participantes do curso.
- Correio: É um sistema de correio eletrônico interno ao ambiente.
- Perfil: Armazena o perfil de cada participante.
- Diário de bordo: É um espaço reservado para as anotações dos alunos, que poderão ser lidas e comentadas pelos formadores.
- Portfólio: Armazena textos e arquivos a serem utilizados ou desenvolvidos durante o curso, bem como endereços da internet. (Araújo *et al.* 2003, p. 346)

Além das ferramentas apresentadas, o Teleduc tem ferramentas de administração, de uso exclusivo de professores e formadores. São elas:

- Acessos: Acompanha a freqüência de acesso dos usuários ao curso.
- Intermap: Exibe a interação dos participantes do curso nas ferramentas fóruns de discussão e bate-papo.
- Administração: Disponibiliza materiais nas diversas ferramentas do ambiente, bem como configura opções em algumas delas e gerencia os participantes do curso.
- Suporte: Permite o contato com o suporte do ambiente (administrador do Teleduc) por meio do correio eletrônico. (Araújo *et al.* 2003, p. 346)

A proposta de uso do ambiente Teleduc é para o aprendizado por meio de resolução de problemas, de comunicação entre os participantes e de realização de projetos cooperativos. Todas as informações geradas durante o curso permanecem disponíveis e podem ser recuperadas a qualquer momento, mesmo depois de concluído o curso.

Novas escolas, novos professores, novos alunos

Em meio a essas novas realidades educacionais, evidenciadas pelo uso das TICs e dos ambientes de aprendizagem, é preciso perguntar: qual será o papel a ser desempenhado pelas nossas atuais escolas e pelos seus professores e alunos? Certamente, serão necessárias grandes alterações em suas funções e desempenhos, mas o que se espera desses elementos nas novas sociedades da informação? Como formar professores para atuar nesses novos espaços profissionais? Essas questões se apresentam como desafios para pensarmos sobre a realidade da escola e da atuação de professor e alunos na atualidade. Vejamos, então.

Novas escolas

Qual seria a função da educação escolar nesta nova sociedade? O que privilegiar: uma formação intelectual – "que produza laureados clássicos e científicos", como defende Umberto Eco – ou uma formação para o trabalho, em permanente transformação? Como garantir a autonomia do aluno, de forma que ele possa "aprender a aprender" e, no futuro, "pensar e programar a sua própria reciclagem"? A escola vai continuar a ser a instituição social fundamental para a formação pessoal, social e cultural das novas gerações?

Essas seriam, segundo Ponte (2004), falsas questões, pois "a escola, tal como a conhecemos hoje, terá inevitavelmente de mudar e será, com grande probabilidade, irreconhecível dentro de algumas décadas". Essas transformações, no entanto, vão ocorrer gradualmente, e não retirarão da escola a sua função principal em relação à educação. Independentemente da forma das escolas no futuro, pode-se supor que elas serão na interação social o "elemento fundamental da construção do conhecimento e na definição das identidades sociais e individuais" (*ibid.*).

A escola não se acaba por conta das tecnologias. As tecnologias são oportunidades aproveitadas pela escola para impulsionar a educação, de acordo com as necessidades sociais de cada época. As tecnologias se transformam, muitas caem em desuso, e a escola permanece. A escola transforma suas ações, formas de interação entre pessoas e conteúdos, mas é sempre essencial para a viabilização de qualquer proposta de sociedade.

As oportunidades postas pelas TICs para a escola lhe garantem sua função como espaço em que ocorrem as interações entre todos os componentes do processo educativo – professores, alunos, pessoal administrativo e técnico etc. –, mediada por uma "cultura informática educacional". O desenvolvimento de uma cultura informática é essencial na reestruturação da maneira como se dá a gestão da educação, a reformulação dos programas pedagógicos, a flexibilização das estruturas de ensino, a interdisciplinaridade dos conteúdos, o relacionamento dessas instituições com outras esferas sociais e com a comunidade. As TICs exigem transformações não apenas nas teorias educacionais, mas na própria ação educativa e na forma como a escola e toda a sociedade percebem sua função na atualidade.

A escola articulada e em interação permanente com todo o mundo já não pode funcionar dentro de regimes rígidos de horários, currículos fechados e administração hierarquizada e cíclica. A "internacionalização" das possibilidades educacionais altera as formas vigentes de estruturação e de definição formal dos sistemas de ensino e coloca a escola diante de novas questões: necessidades de compatibilização de currículos; de definição de esferas de influência e de articulações entre instituições de diferentes países; estabelecimento de protocolos e de convênios entre essas instituições; estabelecimento da língua a ser adotada nas comunicações (a começar com os intercâmbios com os países do Mercosul) e todas as necessidades de autonomia que cada *estabelecimento de ensino* vai precisar ter para, sem demora, poder tomar decisões e definir procedimentos para o desenvolvimento de seus projetos educacionais com outros estabelecimentos, nacionais e estrangeiros. Nesse sentido, a criação e o desenvolvimento de redes apresentam-se como poderosos instrumentos paralelos de definição de novas regras, procedimentos e articulações, que certamente alterarão as formas de gestão da educação escolar.

As articulações entre as instituições educacionais via redes não podem ser pensadas apenas como uma maneira diferenciada de promover o ensino. Elas são formas poderosas de cooperação e articulação entre professores, alunos, pessoal administrativo e técnico das escolas, pais e comunidades próximas e todos os demais segmentos sociais que a essas redes se conectarem. Elas viabilizam o desenvolvimento do ensino, da pesquisa e da gestão da educação em caminhos novos e diferenciados.

A internacionalização da educação, no entanto, não pode deixar de ser acompanhada da valorização dos aspectos que caracterizam o caráter regional da cultura e o fortalecimento da cidadania, da solidariedade e do respeito entre os povos. Características como a cooperação, a interatividade e o respeito às diferenças são aspectos que precisam ser priorizados em todas as instâncias e setores educacionais. Nesse sentido, os professores precisam ser capacitados para orientar seus alunos (e a si mesmos) a aprender através de intercâmbios virtuais (e/ou presenciais) com alunos de diferentes culturas, idiomas e realidades sociais.

As possibilidades de ampliar a atuação da instituição de ensino ocorrem não apenas no sentido espacial geral, mas no oferecimento de ensino permanente, para todas as pessoas, em todas as idades. Transformar os estabelecimentos de ensino em estabelecimentos de aprendizagem permanente, garantindo aos alunos a escolha de objetos de estudo diferenciados, de acordo com suas necessidades e interesses. Liberdade para entrar e sair do sistema educativo quando quiser, sem precisar cumprir os escalões rígidos da hierarquia escolar tradicional, em seus tempos e espaços. Essa amplitude de oportunidades educacionais é facilitada pelo oferecimento aberto de múltiplas formas de ensino presencial e a distância – via redes, também –, ambas necessariamente vistas como formas similares, válidas e valorizadas de acesso democrático ao conhecimento.

Essas alterações que reorientam o processo escolar amplo para novas configurações mostram-nos a necessidade de reorganização das políticas educacionais, da gestão e das formas de avaliação da educação e não apenas mudanças nos métodos pedagógicos e nas disciplinas, com a utilização efetiva das redes no ensino escolar. Ou seja, as mais modernas tecnologias de informação e comunicação exigem uma *reestruturação ampla* dos objetivos de ensino e aprendizagem e, principalmente, do sistema escolar.

Novos professores e novos alunos

Um dos grandes desafios que os professores brasileiros enfrentam está na necessidade de saber lidar pedagogicamente com alunos e situações extremas: dos alunos que já possuem conhecimentos avançados e acesso pleno às últimas inovações tecnológicas aos que se encontram em plena exclusão tecnológica; das instituições de ensino equipadas com as mais modernas tecnologias digitais aos espaços educacionais precários e com recursos mínimos para o exercício da função docente. O desafio maior, no entanto, ainda se encontra na própria formação profissional para enfrentar esses e tantos outros problemas.

Professores bem formados conseguem ter segurança para administrar a diversidade de seus alunos e, junto com eles, aproveitar o progresso e as experiências de uns e garantir, ao mesmo tempo, o acesso e o uso criterioso das tecnologias pelos outros. O uso criativo das tecnologias pode auxiliar os professores a transformar o isolamento, a indiferença e a alienação com que costumeiramente os alunos frequentam as salas de aula, em interesse e colaboração, por meio dos quais eles aprendam a aprender, a respeitar, a aceitar, a serem pessoas melhores e cidadãos participativos. Professor e aluno formam "equipes de trabalho" e passam a ser parceiros de um mesmo processo de construção e aprofundamento do conhecimento: aproveitar o interesse natural dos jovens estudantes pelas tecnologias e utilizá-las para transformar a sala de aula em espaço de aprendizagem ativa e de reflexão coletiva; capacitar os alunos não apenas para lidar com as novas exigências do mundo do trabalho, mas, principalmente, para a produção e manipulação das informações e para o posicionamento crítico diante dessa nova realidade.

A relação professor-aluno pode ser profundamente alterada pelo uso das TICs, em especial se estas forem utilizadas intensamente. Na resolução de um problema, na realização de um projeto, na coleta e análise de dados sobre um determinado assunto, o professor realiza um mergulho junto com os alunos, para poder responder a suas dúvidas e questões. A proximidade com os alunos ajuda-o a compreender suas ideias, olhar o conhecimento de novas perspectivas e a aprender também. As TICs proporcionam um novo tipo de interação do professor com os alunos. Possibilitam a criação de novas formas de integração do professor com a organização escolar e com outros professores.

Os professores vêem a sua responsabilidade aumentar. Mais do que intervir numa esfera bem definida de conhecimentos de natureza disciplinar, eles passam a assumir uma função educativa

Educação e tecnologias 103

primordial. E têm de o fazer mudando profundamente a sua forma dominante de agir: de (re)transmissores de conteúdos, passam a ser coaprendentes com os seus alunos, com os seus colegas, com outros atores educativos e com elementos da comunidade em geral.

Este deslocamento da ênfase essencial da atividade educativa – da transmissão de saberes para a (co)aprendizagem permanente – é uma das conseqüências fundamentais da nova ordem social potenciada pelas TICs e constitui uma revolução educativa de grande alcance. (Ponte 2004)

O relacionamento entre os professores também pode ser alterado, com a adoção de formas de trabalho colaborativo via internet. Criam-se parcerias entre professores de outras escolas e países, com diferentes culturas e realidades sociais. A troca de mensagens e documentos, a criação de páginas coletivas, a interação com organizações profissionais, o acompanhamento do que ocorre em outras realidades mudam a maneira de pensar e de fazer educação. Nessa nova realidade, professores e alunos precisam dominar diferentes linguagens, que vão da fluência tecnológica ao domínio de idiomas, para que possam sair do cerco fechado da sala de aula e do ambiente escolar para conectarem-se com o mundo.

Em síntese, o professor precisa ter consciência de que sua ação profissional competente não será substituída pelas tecnologias. Elas, ao contrário, ampliam o seu campo de atuação para além da escola clássica. O espaço profissional dos professores, em um mundo em rede, amplia-se em vez de se extinguir. Novas qualificações para esses professores são exigidas, mas, ao mesmo tempo, novas oportunidades de ensino se apresentam. Os projetos de educação permanente, as diversas instituições e cursos que po-dem ser oferecidos para todos os níveis e para todas as idades, a interna-cionalização do ensino – através das redes – criam novas oportunidades educacionais.

Como diz Ponte (2004),

o professor, em suma, tem de ser um explorador capaz de perceber o que lhe pode interessar, e de aprender, por si só ou em conjunto com os colegas mais próximos, a tirar partido das respectivas poten-cialidades. Tal como o aluno, o professor acaba por ter de estar sempre a aprender. Desse modo, aproxima-se dos seus alunos. Deixa

104 Papirus Editora

de ser a autoridade incontestada do saber para passar a ser, muitas vezes, aquele que menos sabe (o que está longe de constituir uma modificação menor do seu papel profissional).

A formação de professores para uma sociedade em constante mudança

O que seria válido para pensar sobre a formação de professores para uma sociedade em constante mudança? Seria, por exemplo, pensar em formações intelectuais flexíveis, adaptáveis, voltadas para a utilização do raciocínio e para a adequação do pensamento aos desafios novos e diferenciados que se apresentam a cada momento? Seria a predominância de formações voltadas para o conhecimento e a compreensão da "lógica das redes" e a autonomia do docente para a escolha do momento adequado e da metodologia mais apropriada para fazer uso dessas tecnologias em suas atividades de ensino? Seria privilegiar a formação flexível, ou seja, uma formação para as mudanças em educação mediadas pelas tecnologias digitais de informação e comunicação? Uma formação que vá além do simples treinamento e aprendizado em informática e do uso e manutenção de computadores e da internet em sala de aula?

A ação docente mediada pelas tecnologias é uma ação partilhada. Já não depende apenas de um único professor, isolado em sua sala de aula, mas das interações que forem possíveis para o desenvolvimento das situações de ensino. Alunos, professores e tecnologias interagindo com o mesmo objetivo geram um movimento revolucionário de descobertas e apren-dizados. Essa formulação já mostra que a instrumentação técnica é uma parte muito pequena do aprendizado docente para a ação bem-sucedida na mediação entre educação e tecnologias.

O maior problema não está na dificuldade de domínio das competências para uso das TICs pelos professores. O grande desafio está em encontrar formas produtivas e viáveis de integrar as TICs no processo de ensino-aprendizagem, no quadro dos currículos atuais, da situação profissional dos professores e das condições concretas de atuação em cada escola.

Não é possível impor aos professores a continuidade da autoformação, sem lhes dar a remuneração, o tempo e as tecnologias necessárias para a sua realização. As imposições de mudança na ação docente precisam ser acompanhadas da plena reformulação do processo educacional. Mudar o professor para atuar no mesmo esquema profissional, na mesma escola deficitária em muitos sentidos, com grandes grupos de alunos e mínima disponibilidade tecnológica, é querer ver naufragar toda a proposta de mudança e de melhoria da qualidade da educação.

A formação de qualidade dos docentes deve ser vista em um amplo quadro de complementação às tradicionais disciplinas pedagógicas e que inclui, entre outros, um razoável conhecimento de uso do computador, das redes e de demais suportes midiáticos (rádio, televisão, vídeo, por exemplo) em variadas e diferenciadas atividades de aprendizagem. É preciso saber utilizá-los adequadamente. Identificar quais as melhores maneiras de usar as tecnologias para abordar um determinado tema ou projeto específico ou refletir sobre eles, de maneira a aliar as especificidades do "suporte" pedagógico (do qual não se exclui nem a clássica aula expositiva nem, muito menos, o livro) ao objetivo maior da qualidade de aprendizagem de seus alunos.

Mas isso só não basta, é preciso mais. A atuação de um professor – de qualquer nível de ensino – em um mundo em rede exige que ele tenha conhecimentos razoáveis de idiomas estrangeiros, entre os quais, no atual quadro brasileiro, o inglês e o espanhol tornam-se fundamentais. É preciso que esteja preparado para interagir e dialogar – junto com seus alunos – com outras realidades, fora do mundo da escola. Articulações variadas com outras instituições sociais e culturais – bibliotecas, museus, arquivos, espaços culturais, empresas, instituições governamentais e não governamentais, entre muitas outras – brasileiras e estrangeiras, com as quais estabeleça projetos de cooperação e possibilidades variadas de trocas educacionais.

É preciso reiterar, no entanto, que as mudanças pessoais feitas pelo professor para alcançar seus objetivos de melhoria profissional serão inócuas se não vierem acompanhadas de uma significativa mudança das condições de vida e de trabalho. Se a ênfase do processo de tecnologização da sociedade recai na importância da educação, a importância de educadores bem qualificados e reconhecidos profissionalmente torna-se condição primordial de ação. Uma política de pessoal que reconheça e valorize suas competências e importância, o oferecimento de cursos de aperfeiçoamento e de atualização, além de uma formação inicial de qualidade, um projeto de carreira consistente, a melhoria de condições de trabalho e de vida são fundamentais para que os professores possam atuar com qualidade.

Uma nova realidade: Comunidades virtuais de aprendizagem

Não é possível pensar e falar sobre comunidades de aprendizagem sem, antes, refletir sobre as condições concretas em que ocorre a maior parte das educações formais – em todos os níveis – na sociedade atual.

Herdamos do movimento industrial e da urbanização dos séculos anteriores uma estrutura que define os espaços sociais destinados à educação e suas certificações: as escolas. Quando me refiro às escolas, estou falando de maneira geral: espaços físicos em que um segmento considerável de cidadãos de todas as idades passa um tempo razoável da vida com o objetivo de ter acesso aos conhecimentos, aprender conceitos, atitudes, hábitos, habilidades, valores e obter – depois de superar testes, provas e outros tipos de exigências – certificações que lhe garantam, diante da sociedade, o *status* social definido pelo tipo de ocupação que irá exercer, de acordo com o grau ou nível atingido. Essas certificações também são exigências parciais para que as pessoas continuem suas trajetórias educacionais em outros níveis, mais exigentes, de acesso a conhecimentos cada vez mais específicos.

As escolas são elitistas e filtram os ingressantes. Socialmente, a educação é um funil em que apenas alguns têm acesso aos espaços restritos disponíveis nas escolas e definidos pelas "vagas", pelas "cadeiras", pelos espaços físicos que irão ocupar em salas de tamanho determinado. Há algum tempo, não sei se ainda é assim, pensava-se que cada aluno deveria ocupar algo em torno de um metro quadrado na sala de aula. Uma sala para 50 alunos deveria ter 60 metros de área, dez metros para o professor.

É por esse caminho que quero começar, baseada nas salas de aula, na arquitetura das escolas, nos corredores e pátios e, sobretudo, na forma como são distribuídos nesses locais os espaços de ensinar (tradicionalmente, dos professores) e, supostamente, de aprender.

Sem dizer mais nada, a arquitetura das salas de aula e a disposição dos móveis (mesas, carteiras, cadeiras, armários e lousas) definem o tipo de proposta teórico-metodológica vigente. O espaço destinado a professores e alunos também declara de quem é a primazia da ação. Os espaços físicos concretos de nossas escolas estão comprometidos com um tipo de educação que privilegia a atuação do professor, o seu movimento e a centralização do processo no ato de "ensinar", de transmitir, de informar. O protagonista dessa novela é o professor. Os alunos exercem papéis secundários; em muitos casos, são seguidores, coadjuvantes, participantes sem direito a voz, sem falas ligadas aos enredos das aulas.

Se a arquitetura das escolas e os espaços das salas de aula nos falam de uma educação em que se privilegia o ensino, os tempos das escolas vão reforçar essa minha tese, porque o tempo nas salas de 50 ou mais alunos é determinado, curto e finito. Um tempo curto demais para que todos possam falar, dizer o que pensam. Um tempo em que não há como debruçar-se sobre a informação, refletir e posicionar-se criticamente, apresentando suas reflexões para os que frequentam a mesma sala de aula. Um tempo que precisa ser gerenciado pelo professor para poder transmitir a informação, encaminhar exercícios, corrigir, tirar dúvidas, avaliar. Um tempo pequeno demais para o professor e todo o "programa" da disciplina que precisa cumprir. Um tempo que, assim como o espaço, aposta na função de ensinar e na ação do professor, e desconsidera o aluno e suas formas de aprender.

Os tempos, os espaços e as estruturas organizativas das escolas de todos os níveis privilegiam um bem determinado tipo de proposta teórico-metodológica de ensino, que é a função profissional de todos nós. Como já disse em outros textos,

nos espaços presenciais de aprendizagem – escolas e *campi* – prevalece o ensino ativo do professor sem a necessária correspondência com o desejo calado e passivo de aprendizagem dos alunos. Ensino orientado, estruturado e, muitas vezes, distante dos pensamentos, experiências e anseios dos aprendentes. (Kenski 2003, pp. 101-102)

Escolas servem para ensinar, mas quero alterar o eixo desse encaminhamento e dizer que as escolas e os professores precisam estar comprometidos com uma primeira e principal (senão, única) ação: a aprendizagem dos alunos. E, para isso, não adianta ficar apenas no nível do discurso nem na proposta ou no planejamento pedagógicos. O compromisso precisa ser real. E, olhando espaços, tempos, propostas e planejamentos pedagógicos vemos que essa escola não se adéqua estruturalmente a essa nova realidade. A escola da aprendizagem é muito diferente da escola do ensino. A escola da aprendizagem precisa de novos espaços, de outros tipos de temporalidades, de outra organização dos grupos de alunos e professores, de outras propostas pedagógicas, essencialmente novas e que se adaptem a diferentes formas e estilos de aprender de todos os participantes: professores e alunos.

Estamos falando, portanto, de uma nova cultura educacional, de uma outra realidade, que não se alcança mudando o "nome" do grupo: de turma e classe para "comunidades". A escola do aprender tem como principal compromisso garantir a aprendizagem dos alunos. E isso vai muito além de conhecer, compreender e analisar criticamente uma determinada informação ou realidade. A escola do aprender precisa estar em consonância com as múltiplas realidades sociais nas quais seus participantes se inserem e refletir sobre suas práticas formas de interagir com essas realidades e ir além.

A transitoriedade do conhecimento científico, sempre em mudança, já nos mostra que os novos momentos exigem da escola – como espaço designado para a formação dos membros de uma determinada sociedade – uma nova realidade. Realidade que exige a transformação dos seus espaços e a incorporação de novos sítios, em que também se dê e se faça educação com qualidade. Exige novos tempos: pessoais, grupais e sociais. Tempos que transcendam os limites definidos pelas campainhas e sirenes que designam o início e o término das aulas. Tempos que se ampliem para a reformulação das estruturas organizativas e dos currículos, dos períodos letivos, da contagem de horas/créditos das disciplinas, tempos de ensinar e de "avaliar", tempos de professores e de alunos. Realidade que redefina os currículos e as propostas pedagógicas dos cursos e os coloque em torno de desafios essencialmente novos ligados a organizações flexíveis e mutáveis, baseadas em valores e princípios que deem importância, sobretudo, aos processos que levarão às diferentes aprendizagens de todos os envolvidos.

Mas, se o foco é a aprendizagem, o que se vai aprender? Busco a resposta, inicialmente, na proposta elaborada pela comissão coordenada por Jacques Delors (1998) para a Unesco, em relação às mudanças necessárias para a educação contemporânea. Ele diz:

> A educação deve transmitir, de fato, de forma maciça e eficaz, cada vez mais saberes e saber-fazer evolutivos, adaptados à civilização cognitiva, pois são as bases das competências do futuro. Simultaneamente, compete-lhe encontrar e assinalar as referências que impeçam as pessoas de ficar submergidas nas ondas de informações, mais ou menos efêmeras, que invadem os espaços públicos e privados e as levem a orientar-se para projetos de desenvolvimento individuais e coletivos. À educação cabe fornecer, de algum modo, os mapas de um mundo complexo e constantemente agitado e, ao mesmo tempo, a bússola que permita navegar através dele.
> Nesta visão prospectiva, uma resposta puramente quantitativa à necessidade insaciável de educação – uma bagagem escolar cada vez mais pesada – já não é possível nem mesmo adequada. Não basta, de fato, que cada um acumule no começo da vida uma determinada quantidade de conhecimentos de que possa abastecer-se indefinidamente.
> É, antes, necessário estar à altura de aproveitar e explorar, do começo ao fim da vida, todas as ocasiões de atualizar, aprofundar e enriquecer estes primeiros conhecimentos, e de se adaptar a um mundo em mudança. (p. 82)

E propõe:

> A educação deve organizar-se em torno de quatro aprendizagens fundamentais que, ao longo de toda a vida, serão de algum modo para cada indivíduo os pilares do conhecimento: aprender a conhecer, isto é, adquirir os instrumentos da compreensão; aprender a fazer, para poder agir sobre o meio envolvente; aprender a viver juntos, a fim de participar e cooperar com os outros em todas as atividades humanas; finalmente aprender a ser, via essencial que integra as três precedentes. É claro que estas quatro vias do saber constituem apenas uma, dado que existem entre elas múltiplos pontos de contato, de relacionamento e de permuta. (pp. 82-83)

Nesse sentido, encaminha que

> se ultrapasse a visão puramente instrumental da educação, considerada como a via obrigatória para obter certos resultados (saber-fazer, aquisição de capacidades diversas, fins de ordem econômica), e se passe a considerá-la em toda a sua plenitude: realização da pessoa que, na sua totalidade, aprende a ser. (p. 84)

A viabilização das propostas encaminhadas por Delors requer muitas mudanças na educação. O acesso ao conhecimento proporcionado pelas tecnologias digitais de informação e comunicação pode oferecer caminhos para essas novas propostas educacionais, bem mais adequadas aos novos tempos sociais.

> A interação proporcionada pelas "telas" amplia as possibilidades de comunicação com outros espaços de saber. As informações fluem de todos os lados e podem ser acessadas e trabalhadas por todos: professores, alunos e pelos que, pelos mais diferenciados motivos, se encontram excluídos das escolas e dos *campi*: jovens, velhos, doentes, estrangeiros, moradores distantes, trabalhadores em tempo integral, curiosos, tímidos, donas de casa... pessoas. (Kenski 2003, p. 101)

Não basta, no entanto, o uso de novas tecnologias, máquinas e equipamentos para fazermos a reformulação necessária na educação. Isso até poderia ser dispensável se a opção for privilegiarmos nas situações educacionais a principal condição para a concretização dessas propostas: o estímulo para a interação, a troca, a comunicação significativa entre todos os participantes. Mais ainda, o mais importante é que essas pessoas estejam reunidas em um determinado espaço com o objetivo maior de *aprender* juntas. Esse é o ponto de partida para o início de um novo modelo educacional diferenciado, que é a formação de comunidades de aprendizagem.

Não basta que eu, professor, queira formar com meus alunos uma comunidade. É preciso que todos queiram, que haja amadurecimento, comprometimento, disciplina e valores comuns, para que possamos criar um processo que nos leve a alcançar os princípios de uma comunidade de aprendizagem. Trata-se de uma nova cultura educacional, que rompe com os tempos rígidos das disciplinas e com os espaços formais das salas de aula presenciais. Um tempo de aprender *colaborativamente*, respeitando as diferenças pessoais, os diferentes estilos de aprendizagem e fortalecendo o compromisso com a própria maneira de aprender e com a aprendizagem dos demais.

Referências bibliográficas

ALMEIDA, M.E.B. (2003). "Educação a distância na internet: Abordagens e contribuições dos ambientes digitais de aprendizagem". *Educação e Pesquisa*, vol. 29, n. 2 (jul.-dez.).

ARAÚJO FRANCO, M.; CORDEIRO, L.M. e CASTILLO, R.A.F. (2003). "O ambiente virtual de aprendizagem e sua incorporação na Unicamp". *Educação e Pesquisa*, vol. 29, n. 2 (jul.-dez.).

DELORS, J. (org.) (1998). "Educação, um tesouro a descobrir". *Relatório para a Unesco da Comissão Internacional sobre Educação para o século XXI* (cap. 4). São Paulo: Unesco/MEC/Cortez.

KENSKI, V.M. (1999). "Professores, o futuro é hoje!". *Tecnologia Educacional*, revista da ABT.

_____ (2001). "O papel do professor na sociedade digital". *In*: CASTRO, A.D. e CARVALHO, A.M.P. *Ensinar a ensinar*. São Paulo: Pioneira.

_____ (2003). *Tecnologias e ensino presencial e a distância*. Campinas: Papirus.

KERCKHOVE, D. (1995). *A pele da cultura. Uma investigação sobre a nova realidade eletrônica*. Lisboa: Relógio D'Água.

_____ (1999). *Inteligencias en conexion. Hacia una sociedad de la web*. Madri: Gedisa.

MOORE, M. (2004). "Teoria da distância transacional". Trad. Wilson Azevedo. Em www.abed.org.br/publique/cgi/cgilua.exe/sys/start.htm?infoid= 23&sid=69&UserActiveTemplate=2ing. Acesso em 30/3/04.

PONTE, J.P. (2004). "Tecnologias de informação e comunicação na formação de professores: Que desafios?". Em www.campus-oei.org/revista/rie24a03.htm. Acesso em 25/2/04.

RADFAHRER, L. (1998). *Design/web/design*. São Paulo: Market Press.

TORI, R. (2002). "A distância que aproxima". *Revista Brasileira de Aprendizagem Aberta e a Distância*. Em www.abed.org.br/publique/cgi/cgilua.exe/sys/start.htm?infoid=608&sid=69&UserActiveTemplat e=1por. Acesso em 26/3/02.

6
CAMINHOS FUTUROS NAS RELAÇÕES ENTRE NOVAS EDUCAÇÕES E TECNOLOGIAS

O futuro: Mas que futuro?

Difícil pensar de forma global no futuro das relações entre educações e tecnologias. Uma coisa, porém, é certa: vamos falar de múltiplas educações para pessoas muito diferentes. Essas diferenças estarão ligadas às condições de acesso e uso de tecnologias cada vez mais avançadas. A lacuna que havia há dez anos entre os que tinham e os que não tinham acesso a computadores e redes vai se ampliar. Um enorme "fosso tecnológico", como diz Michael Lewis (2001), vai criar largas barreiras entre alunos e professores que usam e não usam os meios digitais para todos os fins. Crianças e jovens que fazem parte da *geração net*[1] já exibem um perfil muito diferente dos excluídos digitais, e as diferenças não estão apenas na fluência com que usam computadores e redes.[2] A conduta desses jovens em atividades diárias

---

1. Termo criado por Tapscott (1998) para designar crianças e jovens que, desde muito cedo, utilizam regularmente computadores e acessam redes digitais.
2. Rede de computadores por meio da qual qualquer comunidade, desde especialistas em física quântica até interessados em fotos de mulher pelada, pode se comunicar e trocar informações.

Educação e tecnologias 115

em seus computadores muda também a maneira como agem quando não estão conectados. Essas novas maneiras de pensar e agir das novas gerações digitais influenciarão o futuro das escolas e da educação de modo geral. Será preciso, cada vez mais, ampliar ações e políticas efetivas, que propiciem a inclusão digital de todos os cidadãos. Ações que vão além do uso escolar de computadores e redes e se ampliem de forma intensiva para o acesso em espaços sociais diferenciados. É claro que, no entanto, é ainda a escola – em todos os seus níveis e formas – o espaço privilegiado e propício para desencadear a ação e a fluência digital.

O futuro da educação em jogo

As competências e habilidades dos alunos da geração *net* estão mudando. O movimento vem de fora das escolas e é ela que, cada vez mais, sofrerá as suas consequências. Para atender às expectativas desses alunos, a escola precisa mudar também, e muito. O futuro da escola está em jogo e, justamente, são os jogos a causa e a consequência dessas mudanças no comportamento dos jovens. Em suas casas ou em *lan houses*,[3] jovens dedicam-se com prazer ao que mais gostam de fazer, jogar em rede.

Lan é a sigla que identifica uma *local area network*, ou seja, uma estrutura de cabos que liga em rede vários computadores de pequeno e grande porte. As *lans* foram criadas para facilitar a partilha de memórias e recursos disponíveis em rede, para a realização de trabalhos por um número maior de pessoas. O seu uso como espaço de diversão veio pela inventividade dos próprios usuários, que ficavam nos escritórios e salas de aula depois do expediente para jogar. Hoje, elas já estão por toda a parte e deram origem a um tipo de espaço especial, misto de loja de suprimentos para computadores e café, as *lan houses*.

---

3. *Lan houses*: espaços comerciais em que se disponibilizam computadores e redes para acesso dos usuários. Na periferia de São Paulo, por exemplo, pelo valor de um real a hora, crianças e adolescentes acessam a internet para comunicação via *e-mail*, pesquisas e jogos, naturalmente.

Os jogos eletrônicos mais procurados pertencem a três tipos básicos: simuladores, jogos de estratégia e jogos de ação. Os simuladores exigem reflexos e movimentos rápidos para, por exemplo, pilotar carros velozes em corridas e ralis ou esquiar em perigosas curvas de pistas de neve. Já os jogos de estratégia precisam de mais raciocínio, para construir e administrar uma cidade ou para conduzir exércitos e vencer uma guerra. Os jogos de ação são aqueles em que o jogador encarna um personagem no cenário do jogo e comanda ações, em geral com movimentos rápidos.

Em cenários cada vez mais realistas, que incluem recursos tridimensionais, o jogador usa todas as suas capacidades para vencer. Esse objetivo, no entanto, não depende exclusivamente de seu desempenho. Jogos em rede são feitos para serem jogados por equipes. Cada jogador do mesmo time pode estar no mesmo local ou em espaços totalmente diferentes – fora da cidade ou mesmo do país –, desde que esteja conectado ao mesmo tempo em rede e com o mesmo objetivo: vencer seus opositores e fazer aparecer o nome da equipe nas telas de todos os que acessam os mesmos jogos.

O ambiente social, o desafio de vencer competições e o *status* de estar movimentando jogos com o que há de mais sofisticado em tecnologias digitais já seriam motivos para chamar a atenção desse monte de estudantes que prefere ficar horas a fio plugado em rede do que estudar para a prova do dia seguinte, por exemplo. Um dado importante, no entanto, vem chamar mais ainda a atenção dos educadores: é que esses jovens jogadores – os *hard players*, como gostam de se chamar – desenvolvem novas habilidades e raciocínios, considerados valiosos em determinados tipos de ações profissionais.

O primeiro deles é o espírito de equipe e o desenvolvimento de habilidades para levar um time à vitória. Desenvolvimento de estratégias, ambição coletiva, definição de papéis, entrosamento, respeito aos parceiros, comunicação e regras de bom comportamento em rede (*netiqueta*) são algumas das aprendizagens que esses jogadores incorporam e que são fatores importantes para seu desempenho em atividades profissionais. Isso, além do fato, é claro, da fluência digital necessária tanto para jogar quanto para trabalhar. Diferentemente das gerações anteriores, quando os jovens eram cobrados coletivamente para apresentar desempenhos isolados nas mesmas provas, na escola ou fora dela, os jovens da geração *net* se comportam como se estivessem sempre em grandes turmas, em parcerias.

Um outro aspecto importante que vem sendo estudado no comportamento desses jovens jogadores é o desenvolvimento de algumas habilidades específicas como a habilidade de escrita e desenho com ambas as mãos, principalmente no uso do teclado e do *mouse*. Além disso, os jogos aguçam as capacidades sensoriais dos jogadores. Pesquisadores da Universidade de Rochester, por exemplo, já identificaram que, entre os *hard players*, há mais percepção visual, mesmo em espaços muito escuros. Os jogadores assíduos têm também mais capacidade de discriminação de sons e atenção seletiva para a apreensão do que realmente interessa em meio a muita barulheira, seja em um cenário virtual, no manuseio de algum tipo novo de equipamento, na sala de aula ou na conversa com amigos. No meio do maior barulho – som, TV e computador ligados –, eles são capazes de dar uma parada, responder sobre algum assunto, sem ao menos olhar para quem perguntou, e continuar normalmente tudo o que estavam fazendo, vendo e ouvindo ao mesmo tempo. Além disso, mostram total flexibilidade na adoção de novas regras, conforme a evolução do jogo.

Algumas dessas habilidades já foram notadas pelas agências de inteligência americanas. Em quartéis e bases militares, soldados americanos treinam suas estratégias em poderosos "jogos de guerra", simulados em computadores ligados em rede. Neles, em ambientes tridimensionais muito semelhantes às paisagens do Iraque ou do Afeganistão, por exemplo, os recrutas se exercitam para enfrentar desafios de guerra antes de sair em campo. Nesses combates simulados, os soldados que cresceram jogando *videogames* fazem diferença. Eles conseguem processar melhor as informações de comando, visualizar objetos mesmo com a tela escurecida e identificar movimentos que são imperceptíveis para quem não tem os sentidos tão aguçados. Essas habilidades fazem diferença também na vida real, ou seja, no campo de batalha propriamente dito. As cirurgias de videolaparoscopia,[4] por exemplo, exigem profissionais com grande

---

4. Videolaparoscopia é um procedimento cirúrgico realizado em ambiente hospitalar, sob anestesia geral, em que, por meio de sistemas de miniendocâmeras acopladas

formação e conhecimento médicos especializados e, também, habilidade para manipular equipamentos muito semelhantes aos usados nos jogos eletrônicos.

Essas competências, se transferidas para o desenvolvimento das aprendizagens escolares, fazem uma grande diferença. O mundo dos jogos pode trazer para a educação escolar novos desafios, a começar pela organização dos currículos dos cursos e das atividades de aprendizagem, pelas formas de avaliação e pela formação de professores especializados em jogos. Essa, pelo menos, já é realidade em algumas universidades que fazem investimentos maciços em educação e tecnologias. Kurt Squire (2004), projetista de jogos educacionais do Massachusetts Institute of Technology (MIT), também acredita no uso de jogos como estratégias educacionais. Ele diz que, ao contrário do que algumas pessoas pensam,

os *games* em rede não estão transformando as crianças em supergênios ou *psychokillers* (esses adolescentes que provocam chacinas e mortes nas escolas). A realidade é outra, pois, jogando, as pessoas podem processar mais rápido as informações, desenvolver seus sentidos e ter mais capacidade de raciocínio para discernir entre diferentes tipos de informação, entre outras coisas.

Nos *learning games* (L-Games), como são chamados os jogos para aprendizagem, os jovens poderão viver personagens do passado histórico da humanidade, simular julgamentos em tribunais, encarnar personagens de alguma peça teatral ou criar de forma colaborativa uma nova peça, exposição ou projeto, de forma cada vez mais realista. É possível a criação colaborativa de jogos educacionais em ambientes virtuais, o desenvolvimento de modelos

---

a um monitor de TV, o médico tem acesso visual ao interior do abdome e vê com precisão e alta resolução de imagens os órgãos pélvicos e abdominais. Assim, tem a vantagem de ver diretamente o problema, podendo até mesmo tratar lesões simultaneamente, com diversos meios de energia como o *laser*, a alta frequência e o bipolar. Uma das vantagens da videolaparoscopia é que a alta hospitalar é precoce (menos de 24 horas) e o retorno ao trabalho é muito rápido (de 3 a 5 dias). Referência retirada de www.cursosmedicos.com.br/endometri_5.html (acesso em 10/2/2006).

e objetos de aprendizagem que viabilizem a construção de atividades coletivas plenas de interação e aprendizagem. Além disso, como diz Mark Ward da BBC News (2004), nos jogos coletivos, as pessoas aprendem a trabalhar em cooperação, desenvolver boas amizades e dar origem a comunidades fortalecidas de lazer, trabalho, estudos ou de tudo isso junto.

Tudo junto também nas tecnologias: Escolas reais em ambientes virtuais

Os ambientes digitais de aprendizagem estão se expandindo para além dos computadores, por mais potentes que esses possam ser. O futuro tecnológico da educação tem se direcionado para pequenas soluções na forma de aparelhos leves e portáteis, mas com muita potência. São computadores portáteis, *palms*, agendas eletrônicas e telefones celulares de última geração. Novas formas híbridas e interativas de uso das tecnologias digitais incorporam todos os tipos de aparelho que tenham uma telinha e os transformam, também, em espaços virtuais de aprendizagem em rede. Por meio dessas telas, sejam de televisores, sejam de relógios de pulso, os alunos podem interagir com professores e colegas, conversar e realizar atividades educacionais em conjunto.

No futuro, como diz Nihad Faissal Bassis (2004), "teremos em um só aparelho várias funcionalidades, como: internet, gravador e reprodutor de vídeo e áudio, câmera digitalizadora, banco de textos e imagens, entre outros. Tudo na forma *wireless*, ou seja, sem fio". Com a popularização das tecnologias digitais de informação e comunicação, *handheld computers*[5] dotados de altíssima capacidade de processamento e armazenamento serão

---

5. Um *handheld computer* é um computador que pode ser guardado convenientemente em um bolso e usado enquanto você estiver segurando-o. Alguns possuem configurações que aceitam escrita como entrada de dados e pequenos teclados (mais conhecidos pelo termo *palmtop*). Podem combinar serviços de voz e dados por telefones celulares ou outras tecnologias em um único dispositivo. Informações obtidas em www.palmbrasil.com.br/vocab/handheld.html (acesso em 10/2/2006).

tão comuns entre os jovens como são hoje os celulares, e por um custo muito menor.

Redefinição de conceitos: Presencial ou a distância?

A evolução tecnológica digital garante a interação dos membros de um mesmo grupo de estudos, com som e imagem, independentemente do local em que estejam. Isso muda, e muito, a concepção do ensino. Caem por terra as definições do que é ensino presencial ou a distância. Teremos, sim, alunos próximos, em conexão, independentemente do lugar em que estejam. Ao mesmo tempo, alguns alunos estarão distantes, pelo simples fato de não estarem conectados. Essas aproximações entre comunicação móvel e mídia *on-line*, para Howard Rheingold (1996), garantirão a realização de formas diferenciadas de *e-learning* em campo, "seja na pesquisa científica em ambiente natural, seja em experimentos em ciências sociais enquanto eles acontecem". Entre os conectados, será possível o acesso a aulas que se realizam em qualquer lugar do mundo. Assistir a uma cirurgia em tempo real, estar no meio de uma excursão na floresta amazônica ou nas geleiras dos polos podem ser atividades de uma aula do futuro, agregadas a novas formas de ensinar e aprender.

O uso da voz e a presença da imagem real ou de um clone virtual, o avatar, vão levar à predominância da oralidade nas comunicações, hoje realizadas por escrito nos ambientes virtuais. Como é possível que pessoas de diferentes idiomas se encontrem em rede, vai aumentar significativamente o uso de um idioma criativo e que está em franco desenvolvimento nas redes. Uma formulação híbrida entre a linguagem digital, o inglês vulgar e a linguagem icônica dos *emoticons*.[6]

Durante o Império Romano, os povos dominados foram obrigados a falar o latim, a língua dos romanos, que na mistura com os idiomas nativos

---

6. *Emoticons* são símbolos gráficos formados de caracteres comuns, usados para transmitir emoções por meio do correio eletrônico. Por exemplo :-> é um *smiley*, um rosto sorridente, quando visto de lado. Em www.sabbatini.com/renato/correio/gloss.htm (acesso em 10/2/2006).

deu origem a formas diferenciadas de latim vulgar, de onde se originaram todas as línguas neolatinas, como português, espanhol, francês etc. Da mesma forma, já está em uso nas redes um novo tipo de idioma, que tem um vocabulário em que predominam termos oriundos da eletrônica, palavras em inglês, estrutura gramatical da língua do usuário e o uso desinibido de abreviaturas e termos misturados. Termos como *plugar*, *deletar*, *lincar* já pertencem à nossa fala usual em português. Essas novas falas, processos e comportamentos migram das conversas nas redes para o cotidiano; transformam as linguagens e a maneira de olhar e agir diante da realidade, seja ela qual for. A professora Diana Domingues (2006) conta que uma amiga sua, da área da informática, "estava fazendo um pudim e errou na sequência dos ingredientes. No momento em que se deu conta do erro, queria dar um *control Z*[7] e retomar o processo".

O uso sistemático de *sites* e ambientes virtuais em educação tem nos *blogs*[8] um grande aliado. O *blog* é uma espécie de diário, na forma de página *web*, que deve ser atualizada frequentemente. Seu conteúdo abriga uma infinidade de assuntos: agendas, piadas, *links*, notícias, poesias, ideias, fotografias, enfim, tudo o que a imaginação do autor permitir. Fáceis de serem criados, os *blogs* podem servir como espaços construídos por todos os participantes de uma disciplina. Também é possível que cada aluno tenha seu *blog* no *site* da escola, ou seja, seu diário escolar pessoal. Nele, os estudantes podem colocar resumos, anotações, exercícios e tudo o que for de seu interesse. Em interação com outros alunos e demais pessoas que visitem as páginas, podem receber informações e oferecer colaboração para a realização das atividades escolares. Usando senhas, podem configurar quem terá acesso a determinadas partes do diário: professores, outros alunos, pais ou simples curiosos.

---

7. Em computação, *control Z* é um comando que se obtém segurando a tecla *control* e, simultaneamente, pressionando a tecla Z, para desfazer a última operação realizada pelo usuário. (N.E.)

8. Um *blog* ou *weblog* é um registro publicado na internet, relativo a algum assunto organizado cronologicamente (como um histórico ou diário). Em http://pt.wikipedia. org/wiki/Blogs (acesso em 10/2/2006).

A possibilidade de professores e alunos realizarem projetos para a criação de *learning objects*[9] (objetos de aprendizagem) não deve ser descartada. Esses objetos nada mais são do que porções de conteúdos trabalhadas didaticamente em ambiente digital (com sons, desenhos, animações, imagens, vídeos, gravações, fotos, documentos, textos e atividades) e que podem ser utilizadas para ensinar um mesmo assunto em diferentes disciplinas e cursos. À semelhança de livros, capítulos de livros ou mesmo textos soltos reunidos na bibliografia de disciplinas diferentes, os objetos de aprendizagem se prestam a esse mesmo uso, desde que a opção seja para o uso do computador em atividades de ensino.

Todos juntos e colaborando livremente nas redes

O grande movimento desencadeado pelo uso aberto de programas e *softwares* desenvolvidos colaborativamente nas redes auxilia a todos, professores e alunos, no desenvolvimento de novas estratégias didáticas suportadas pelos computadores e pelas redes.

Os *softwares* livres – como são chamados – são programas de computador que podem ser alterados, distribuídos e copiados sem restrições. Esses programas substituem e, em alguns casos, ampliam as possibilidades oferecidas pelos chamados *softwares* proprietários (os vários produtos da Microsoft, como o Windows, por exemplo), "cuja licença não permite a cópia nem a alteração de suas funcionalidades. Apesar de também poderem ser vendidos, os *softwares* livres são, em geral, distribuídos gratuitamente no mercado" (Vogt 2001). Feitos em regime colaborativo e descentralizado, com pedaços de códigos localizados em diferentes computadores espalhados pelo planeta, o movimento dos *softwares* livres conquista aliados e modifica a noção de direito autoral. Dão origem a comunidades para o desen-volvimento partilhado de programas, objetos de aprendizagem, bibliotecas virtuais e

---

9. "Um *objeto de aprendizagem* é um pequeno fragmento reutilizável de atividades de instrução para *e-learning*" (trad. da autora). Em en.wikipedia.org/wiki/Learning_Objects (acesso em 10/2/2006).

arquivos temáticos em todas as áreas do conhecimento, para uso nas mais diferentes situações, incluindo o ensino.

No Brasil, o projeto *Software* Livre é uma iniciativa não governamental que reúne pessoas e grupos informais, instituições públicas e privadas: poder público, universidades, empresários, grupos de usuários, *hackers*, ONGs etc. Seu principal objetivo é a promoção do uso e do desenvolvimento de *software* livre como alternativa econômica e tecnológica para a construção de um mundo com inclusão social e igualdade de acesso às inovações provenientes das tecnologias.

Uma escola do tamanho do mundo

Na nova realidade tecnológica, o tempo da educação é o tempo da vida. As escolas não vão atender apenas a segmentos restritos de alunos de determinada faixa etária, nível social e educacional. Será preciso que haja ofertas educacionais para alunos de todas as idades e todos os níveis. Também devem ser oferecidas soluções educacionais para pessoas que estejam de forma temporária (por doença, por exemplo) ou permanente (sem moradia, sofrendo de doença crônica etc.) afastadas dos prédios escolares. Pessoas que trabalham e não conseguem ter horário para frequentar presencialmente as escolas também precisam ser atendidas em suas demandas por educação.

Por outro lado, as escolas podem oferecer acesso para que seus alunos participem de atividades com professores e outros estudantes de qualquer lugar do mundo. As tecnologias garantem às escolas a possibilidade de se abrirem e oferecerem educação para todos, indistintamente, em qualquer lugar, a qualquer tempo. O uso intensivo das mais novas tecnologias digitais e das redes transforma as dimensões da educação e dá à escola "o tamanho do mundo". Em termos econômicos, essa escola é cara. Exige investimento maciço em equipamentos, pesquisas permanentes para atualização das tecnologias e uso intensivo de vários tipos de tecnologias, programas e *softwares*. Precisa de equipes técnicas muito bem treinadas para o desenvolvimento e a manutenção de equipamentos e para apoio e treinamento da equipe pedagógica e administrativa. E tudo isso não basta.

Por maior e melhor que seja a estrutura tecnológica, sozinha, ela não consegue realizar nenhum projeto educacional de qualidade. O investimento maciço em treinamento de professores para o domínio técnico do uso de computadores também não vai resolver o problema. Nem mesmo a formação pedagógica e crítica para o desenvolvimento de projetos educacionais de acordo com os mais novos paradigmas e teorias educacionais vai levar a escola a alcançar os novos índices almejados de qualidade. Todas essas condições são necessárias, precisam estar presentes no projeto dessa nova escola, no entanto, elas não são ainda suficientes. A escola do tamanho do mundo, que se viabiliza pelo uso intensivo das tecnologias e das redes digitais, precisa ser vista com uma nova mentalidade.

Diana Domingues (2006) relata uma cena que pode nos mostrar o ponto de partida para se pensar o que é essa nova mentalidade que se anseia para a ação educacional na atualidade:

> Há algum tempo, fui dar uma palestra para alunos da escola de ensino médio da universidade. Num determinado ponto, eu disse: "Imagino o quanto seja chato para vocês ficar diante de um professor durante 40 minutos, como naquelas aulas da universidade, em que a gente fica três horas com os pobres dos alunos. E vocês não podem nem mesmo trocar de canal". Eles me aplaudiram felizes e de uma maneira tão espontânea, porque alguém estava tentando entender um pouco como eles estão percebendo a estrutura, ainda hierárquica e totalitária, da escola de hoje.

A nova mentalidade exigida para se fazer educação de qualidade na sociedade da informação exige mudanças na estrutura e no funcionamento das escolas. Mudanças que vão muito além dos atuais ambientes e dos espaços e tempos de ensino-aprendizagem e que se vinculam com a linha filosófica e o projeto pedagógico da instituição.

Para que as novas tecnologias não sejam vistas como apenas mais um modismo, mas com a relevância e o poder educacional transformador que possuem, é preciso que se reflita sobre o processo de ensino de maneira global. Para isso, é preciso, antes de tudo, que todos estejam conscientes e preparados para a definição de uma nova perspectiva filosófica, que contemple uma visão inovadora de escola, aproveitando-se das amplas possibilidades comunicativas e informativas das novas tecnologias para a concretização de um ensino crítico e transformador de qualidade.

A característica dessa nova forma de ensinar é a ampliação de possibilidades de aprendizagem e o envolvimento de todos os que participam do ato de ensinar. A prática de ensino envolvida torna-se uma ação dinâmica e mista. Mesclam-se nas redes informáticas – na própria situação de produção/ aquisição de conhecimentos – autores e leitores, professores e alunos. A formação de "comunidades de aprendizagem", em que se desenvolvem os princípios do ensino colaborativo, em equipe, é um dos principais pontos de alteração na dinâmica da escola.

A gestão (envolvendo aspectos políticos e administrativos) desse novo momento educacional implica a adoção de novas formas de decisão, mais rápidas e menos burocráticas, garantindo maior autonomia a departamentos e áreas específicas da instituição para que se tomem decisões na velocidade requerida pelas redes. É impossível, por exemplo, implantar um modelo informatizado de ensino via redes em uma instituição em que o processo decisório sobre interações, intercâmbios, estabelecimento de pesquisas interinstitucionais e produção de *softwares* e *sites* seja centralizado, sem espaço nem autonomia para que essas ações possam ser rapidamente definidas, discutidas e implementadas.

Grande reformulação curricular deve ser implementada. Criam-se novas disciplinas e atividades. Viabilizam-se projetos interdisciplinares e interinstitucionais. Formam-se equipes mistas: professores, técnicos e alunos integrados em projetos e atividades. Períodos letivos diferenciados e oferta de ensino a distância encaminham as escolas para o funcionamento permanente, o ano inteiro. Para isso, é necessária uma nova administração do tempo do docente e de toda a escola. Um tempo maior para planejamento das atividades, estabelecimento de intercâmbios diversos e realização de cursos permanentes de aperfeiçoamento e atualização de todo o *staff* pessoal pedagógico e administrativo. Essas alterações nas estruturas escolares caracterizam-se como desafios para a educação e, sobretudo, requerem novas concepções para abordar conteúdos, novas metodologias de ensino e novas perspectivas para a ação de professores, alunos e todos os profissionais da educação.

126 Papirus Editora

Essas novas exigências educacionais nos encaminham para definições já feitas pela maioria dos países que se preocuparam com o futuro de seus cidadãos. Todos, sem distinção, transformaram a *educação* em prioridade nacional. No âmbito do governo, da sociedade de forma abrangente, de todas as esferas públicas, de todos os poderes, em todos os locais, foram criadas condições para a formação de cidadãos que estivessem em condições de viver plenamente os novos tempos. Espaços virtuais como Orkut, Messenger, *blogs*, Wikipédia, entre outros, mostram a força dessa nova realidade. A educação nunca mais será a mesma. As mudanças já ocorrem no movimento cotidiano de alunos e professores, das pessoas em geral, que acessam esses novos espaços de interação, comunicação e aprendizagem. É preciso que as escolas – de todos os graus e níveis de ensino – acordem para a incorporação desses movimentos no cotidiano de seus cursos. Ou, como diz Umberto Eco, ficarão estagnadas e condenadas à obsolescência.

Referências bibliográficas

ACTIVE WORLDS EDUCATIONAL UNIVERSE (2004). Em www. activeworlds.com/edu/awedu.asp. Acesso em 5/1/04.

AFONSO, C. (2004). "GESAC, SCD, FUST, XPTO... e a inclusão digital?". *Observatório da Imprensa.* Em http://observatorio.ultimosegundo. ig.com.br/artigos.asp?cod=264ENO001. Acesso em 12/3/04.

BASSIS, N.F. (2004). "Uma espiada no futuro do *e-learning*". Em *Widebiz*, www.widebiz.com.br/gente/bnihad/espiada.html. Acesso em 12/2/04.

BUSATO, L.R. (1997). "Tecnologias de informação, comunicação e educação". Conferência proferida no IV Educador. São Paulo.

DOMINGUES, D. (2006). "Seres mutantes e as tecnologias eletrônicas". *In*: SEHBE, A.M.C. e TRENTIN, A. (orgs.) (1998). *A TV da universidade*. Universidade de Caxias do Sul. Em http://artecno.ucs.br/livros_textos/ textseresmutant.htm. Acesso em 23/1/06.

ECO, U. (2003). "Alguns mortos a menos". *O Estado de S. Paulo*. Editorial, 10/8.

KENSKI, V.M. (2003). *Tecnologias e ensino presencial e a distância.* Campinas: Papirus.

KERCKHOVE, D. (1995). *A pele da cultura. Uma investigação sobre a nova realidade eletrônica.* Lisboa: Relógio D'Água.

_____ (1999). *Connected intelligence: The arrival of the web society.* Toronto: Somerville House Books.

LEWIS, M. (2001). *Next. The future just happened.* Nova York: W.W. Norton.

NEAL, L. (2004). "E-learning's leading lights look ahead predictions for 2003". Em www.elearnmag.org/. Acesso em 21/3/04.

PONTE, J.P. da (2004). "Tecnologias de informação e comunicação na formação de professores: Que desafios?". Em www.campus-oei.org/revista/rie24a03.htm. Acesso em 2/3/04.

RHEINGOLD, H. (1996). *A comunidade virtual.* Lisboa: Gradiva.

SQUIRE, K. (2004). "Fire up that game, boy". Em *Wired News*, www.wired.com/news/games/0,2101,59016,00.html. Acesso em 2/4/04.

TAPSCOTT, D. (1998). *Growing up digital: The rise of the net generation.* Nova York: McGraw Hill.

VIANNA, H. (2004). "A disseminação silenciosa do *software* livre". Em http://portal.softwarelivre.org/news/2008. Acesso em 21/4/04.

VOGT, C. (org.). "*Softwares* livres: A democratização através da informática". Em "Sociedade da informação: Inclusão e exclusão", www.comciencia.br/reportagens/socinfo/info08.htm. Acesso em 22/4/04.

WARD, M. (2004). "Dot. Life: Where tech meets life, every Monday". Em *BBC News Online*, http://newswww.bbc.net.uk/2/hi/technology/3334923.stm. Acesso em 23/2/04.

QUESTÕES PARA REFLEXÃO E DEBATES

Capítulo 1

- Olhe à sua volta e note como a tecnologia afeta seu cotidiano. É possível para você viver sem a mediação tecnológica? Por quê?

- O atual processo de avanço tecnológico melhorou ou piorou a vida em sociedade? Que pontos positivos e negativos você encontra na relação tecnologia e sociedade atual?

- Quais as mudanças provocadas pelas tecnologias que afetam diretamente sua maneira de viver?

- Você considera que as mais novas tecnologias influenciam as relações de poder na sociedade atual? Por quê?

- Como as tecnologias têm influenciado seu processo educacional? Por quê?

Capítulo 2

- Por que se diz que as concepções de espaço e tempo são alteradas com a chegada das novas tecnologias de comunicação e informação?

- Reflita sobre a relação entre as novas tecnologias de informação e comunicação (TICs) e as mudanças na vida social, na comunicação interpessoal e no acesso às informações.

- Como você compreende a transformação do valor simbólico da rua e da casa depois do uso intensivo das mais novas TICs, sobretudo da internet?

- O acesso à informação via internet pode gerar a ampliação da estratificação social?

- Como você considera a ideia da rede descentralizada, ligando todos os povos via internet? Que consequências políticas, econômicas, culturais e educacionais podem ocorrer com a existência dessa sociedade global em rede?

Capítulo 3

- Comente a ideia de McLuhan de que as tecnologias se tornam invisíveis à medida que se tornam familiares.

- Que meios tecnológicos são os mais importantes para os professores na escola? E para os alunos? Por quê?

- Para você, de que forma as mudanças contemporâneas derivadas do uso das redes transformaram as relações com o saber?

- Discuta com seus colegas o comentário de Michael Lewis de que, em poucos anos, a internet incorporou princípios do socialismo e os repassou como valores, princípios, ética e cultura a serem respeitados nos espaços colaborativos e na maioria das comunidades virtuais.

- Você concorda que os jovens estão mais preparados que os adultos para a vida mediada pelas tecnologias digitais? Por quê?

Capítulo 4

- Discuta com seus colegas qual é a principal função da escola na atual sociedade.

- Quem é o centro do processo educativo: o conhecimento, o aluno ou as tecnologias?

- Você concorda que, "no ciberespaço, a aula não funciona às segundas e quartas-feiras das 9 às 11 horas, mas vai conhecendo novos desenvolvimentos ao longo de toda a semana"? Por quê?

- Comente com seus colegas e professores quais os aspectos relacionados às distâncias que mais repercutem nas atividades educacionais de sua escola: o geográfico, o temporal, o tecnológico, o psicossocial ou o socioeconômico.

- Como é possível, com o auxílio das TICs, realizar propostas dinâmicas de aprendizagem – que considerem os aspectos cognitivo, ético, político, científico, cultural, lúdico e estético, em toda a sua plenitude – tanto no ensino presencial quanto a distância?

Capítulo 5

- Como as TICs alteram o cotidiano das aulas em sua escola?

- Considerando que a aprendizagem será mais significativa quanto maior for o grau de interação e comunicação entre os participantes do processo, discuta com seus professores e colegas o grau de "distância transacional" (Moore) existente nas atividades educacionais da sua escola.

- Que problemas a instituição de ensino em que você é professor ou aluno enfrenta para o oferecimento pleno de atividades pedagógicas mediadas pelas TICs, sobretudo o uso de computadores e internet? Como superá-los?

- Você já participou de atividades de ensino em rede? Você acredita que o uso das redes digitais pode melhorar sua aprendizagem? Por quê?

- Discuta com seus colegas as novas funções de professores e alunos quando realizam atividades pedagógicas em rede.

Capítulo 6

- Discuta com seus colegas e professores como será a escola no futuro.

- Você é favorável ao uso de jogos em rede em atividades educacionais? Por quê?

- Comente a frase: "por maior e melhor que seja a estrutura tecnológica disponível, sozinha, ela não consegue realizar nenhum projeto educacional de qualidade".

- Qual a sua sugestão para acabar com a exclusão digital no Brasil? O que fazer? Como fazer?

- Faça com seus colegas um levantamento de opiniões sobre o futuro da educação. Como serão escolas, professores e alunos? Que conteúdos serão privilegiados? Que espaços e tempos serão disponibilizados para a educação?

- No Brasil, a educação no futuro será uma oportunidade para a ampliação da democratização das oportunidades educacionais? Por quê?

- O que é possível fazer para alcançar o ideal de democracia e de cidadania para todos os brasileiros com o uso intensivo das tecnologias em educação?

GLOSSÁRIO

Alfabetização digital – Processo de aquisição de habilidades básicas para o uso de computadores, redes e serviços de internet.

Attachment (arquivo atachado) – Arquivo associado a uma mensagem de correio eletrônico. Ao chegar ao destinatário, o arquivo pode ser copiado para o computador para ser aberto, lido, modificado.

Avatar – Personagem virtual assumido pelos participantes, que inclui a representação gráfica de um modelo estrutural de corpo (braços, tentáculos, antenas etc.), modelo de movimento (o espectro de movimento que esses elementos, juntos, podem ter), modelo físico (peso, altura etc.) e outras características. Um avatar não necessita ter a forma de um corpo humano. Pode ser animal, planta, alienígena, máquina ou outra figura qualquer. São espaços virtuais onde estabelecemos contatos sensoriais com outros indivíduos, de diferentes partes do mundo, e que estão se transformando também em palco de experimentações artísticas e educacionais.

Awareness – Consciência da presença de outros usuários *on-line*.

Browser – Programa de acesso à internet que permite "folhear" páginas na *web*, a parte gráfica da rede, com textos, áudio e imagens.

CD-Rom – Disco óptico gravado com informações (CD significa *compact disk* ou, em português, disco compacto; Rom significa *read only memory* ou memória exclusiva de leitura).

Chat – Conversa em tempo real através do computador. O *chat* na internet ficou famoso através dos servidores de IRC (*internet relay chat*), onde são criadas as várias "salas" ou "canais" para abrigar os usuários.

Cibercultura – Conjunto de técnicas (materiais e intelectuais), práticas, atitudes, modos de pensamento e valores que se desenvolvem juntamente com o crescimento do ciberespaço.

Ciberespaço – Palavra empregada pela primeira vez pelo autor de ficção científica William Gibson, em 1984, no romance *Neuromancer*. O ciberespaço designa ali o universo das redes digitais como lugar de encontros e de aventuras, terreno de conflitos mundiais, nova fronteira econômica e cultural. O ciberespaço significa os novos suportes de informação digital e os modos originais de criação, de navegação no conhecimento e de relação social por eles propiciados. O ciberespaço constitui um campo vasto, aberto, ainda parcialmente indeterminado, que não se deve reduzir a um só de seus componentes. Espaço que existe (não no mundo físico) no interior de instalações de computadores em rede e entre elas, por onde passam todas as formas de informação.

Comunidade virtual – Agregações sociais formadas por várias pessoas ligadas em rede, em longas discussões, com suficientes emoções humanas para formar teias de relações pessoais em ambientes virtuais, alterando de algum modo o comportamento e o sentimento dos que participam. No plano concreto, ocorrem interações face a face, ao passo que, na comunidade virtual, as pessoas interagem por meio de representações (contato humano mais abstrato).

Courseware – Qualquer *software* ou programa destinado à educação *on-line*.

Diretório – Conjunto de arquivos em alguns sistemas de computadores. Arquivos comuns a um mesmo tópico, geralmente, ficam organizados em diretórios e subdiretórios.

Domínio – Trata-se de uma classificação para identificar os computadores na rede. Consiste numa sequência de nomes ou palavras separadas por pontos, na ordem do mais específico para o mais geral. Os domínios são divididos por áreas: .com (comercial) e .gov. (governamental). Terminam com a abreviatura de duas letras para cada país, como: .br (Brasil) e .fr (França). Exemplo: siteeducacional.com.br.

Download – Cópia de um arquivo da rede para o computador. A palavra pode ser aplicada para cópia de arquivos, para imagens tiradas direto da tela do navegador e para as mensagens que são trazidas para o computador do usuário. Também se fala em *download* quando, durante o acesso a uma página *web*, os arquivos estão sendo transmitidos. Não existe tradução razoável para o termo, mas, no jargão da computação, costuma-se falar em "baixar" um arquivo.

E-mail ou correio eletrônico – É um serviço de envio e recebimento de mensagens entre usuários da internet, incluindo textos, imagens e arquivos.

FAQs (*Frequently Asked Questions*) – Perguntas frequentes. É um recurso muito útil no atendimento aos clientes pela internet, já que antecipa as perguntas e as responde na forma de página *web*.

Firewall – Sistema de segurança, cujo principal objetivo é filtrar o acesso a uma rede. Pessoas e empresas utilizam o *firewall* para proteger seus arquivos e suas redes internas conectadas à internet contra a entrada de usuários não autorizados.

Fórum – Termo genérico para grupo de discussão.

Fractal – Termo criado em 1975 por Benoit Mandelbrot para descrever uma classe de formas caracterizadas pela irregularidade, mas que, ao mesmo tempo, evocam um padrão regular. Os fractais têm diversas peculiaridades, como, por exemplo, o fato de que qualquer seção de um fractal, quando ampliada, tem as mesmas características do todo. Atualmente, são amplamente usados em computação gráfica para a criação de texturas, superfícies e paisagens de aparência extremamente realista.

Framework – Arquitetura; estrutura básica de uma base de dados, processo ou programa.

Freeware – *Softwares* de domínio público, gratuito.

Gateway – Sistema de computadores que conecta duas ou mais redes, fazendo com que haja uma troca de dados entre elas.

GIF (*Graphics Interchange Format*) – Formato de arquivos de imagens mais utilizado na *web*. O formato GIF cria arquivos de imagens de tamanho relativamente pequeno em relação aos demais formatos. Graças a essa compactação, é o ideal para utilização na rede. Esses arquivos são identificados pelo sufixo .gif.

Groupware – *Software* que auxilia o trabalho coletivo, mesmo quando os membros do grupo não se encontram fisicamente no mesmo local. Envolve o compartilhamento de agendas de compromissos, listas de tarefas, escrita coletiva, distribuição de *e-mail*, acesso compartilhado a banco de dados e conferência eletrônica.

Hardware – São a estrutura e as peças eletrônicas, magnéticas e mecânicas de um computador.

Help – Arquivo de socorro, para que o usuário possa consultar opções e comandos do programa.

Hipermídia – A definição formal de hipermídia une os conceitos de hipertexto e multimídia, ou seja, um documento hipermídia contém imagens, sons, textos e vídeos, como qualquer título multimídia. Além disso, usa ligações de hipertextos para permitir que o usuário salte de um trecho para outro do documento ou até mesmo para um documento diferente. O termo hipermídia também é utilizado como sinônimo de multimídia.

Hipertexto – Tecnicamente, um hipertexto é uma rede composta de nós ligados por conexões. Os nós podem ser palavras, páginas, imagens ou partes de imagens, sequências sonoras, referência a documentos complexos que podem ser eles mesmos hipertextos. Os nós não estão ligados linearmente, como em uma corda ou como nos elos de uma corrente; cada um deles, ou a maioria, estende suas conexões em estrela, de modo reticular. Juntamente com o visualizador (*browser*), representa um tipo de sistema para a organização de conhecimentos ou dados, aquisição de informações e comunicação.

Homepage – É a página de entrada ou página principal de um *website*. É nessa página que estão os *links* para as demais páginas do *website*.

Host – Qualquer computador ligado à internet pode ser chamado de *host*.

HTML (*Hypertext Markup Language*) – Linguagem de marcação de hipertexto. Linguagem de formatação de textos e imagens, utilizada para apresentar os documentos publicados na *world wide web* (www).

HTTP (*Hypertext Transfer Protocol*) – Protocolo de comunicação que viabiliza as ligações entre os clientes de www e os *websites*. A sigla HTTP é encontrada nos endereços de páginas *web* (as URLs), seguida de ://. Ela informa ao servidor de que forma deve ser atendido o pedido do cliente.

Hyperlink (*link*) – Ligação entre textos, figuras, animações. Pode ser entre páginas diferentes ou até na mesma página. Esse recurso possibilita uma navegação livre, a ser escolhida pelo usuário, além da possibilidade de "empilhar" muita informação de forma organizada. É o nome que se dá às imagens ou palavras que dão acesso a outros conteúdos em um documento hipertexto. O *hyperlink* pode levar a outra parte do mesmo documento ou a outros documentos.

Inteligência coletiva – Reunião de pessoas ou comunidades virtuais que se mobilizam para o uso dos conhecimentos de seus integrantes para a realização de atividades ou inovações que têm importância para todos. A base e o objetivo da inteligência coletiva são o reconhecimento e o enriquecimento das pessoas.

Interação – Ação que se exerce entre duas ou mais coisas, ou duas ou mais pessoas; ação recíproca.

Interatividade – Processo de comunicação bilateral, em que os elementos se complementam.

Internauta – É a palavra usada para identificar o usuário da internet, a pessoa que usa a internet para comunicação, pesquisa, trabalho e/ou lazer.

Internet – Rede de redes de computadores que se comunicam de forma transparente ao usuário, através de um protocolo comum que atende pelas siglas TCP/IP (Protocolo de Controle de Transferência/Protocolo Internet). Assim, todos os computadores que entendem essa linguagem são capazes de trocar informações entre si e podem se conectar a computadores de diferentes tipos.

IP (*Internet Protocol*) – É o protocolo da internet. É esse protocolo que identifica, localiza e estabelece conexão entre computadores ligados à internet.

IRC (*Internet Relay Chat*) – Também conhecido como "bate-papo", é um ambiente que permite comunicação escrita *on-line* entre usuários da internet.

Intranet – É uma rede baseada em protocolos TCP/IP (uma internet), que pertence a uma empresa e que é acessada apenas pelos funcionários da empresa (e, eventualmente, também por outras pessoas que tenham autorização para tal). Como a internet, as intranets são usadas para compartilhar informações.

JPEG (*Joint Photographic Experts Group*) – Nome original do comitê que escreveu o padrão desse formato de compressão de imagens. O JPEG foi criado para comprimir imagens tiradas do mundo real, de forma a facilitar a transmissão via internet dessas imagens.

Lan (*Local Area Network*) – É uma rede local de computadores localizados em uma área relativamente pequena.

Laptop – É um computador pequeno e portátil, que se pode colocar no colo (lap = colo; *top* = em cima). Também conhecido como *notebook*.

Link ou **hyperlink** – Elemento de uma página html que leva a uma nova localização na mesma página ou em outra página inteiramente diferente.

138 Papirus Editora

Lista de discussão – Programa que reúne vários endereços de correio eletrônico de pessoas interessadas em um assunto específico. Esse programa redistribui as mensagens a todos os *e-mails* que tenham sido cadastrados por qualquer um dos participantes da lista.

Login – Pode significar: a) o ato de acessar a internet; b) o nome de usuário para acesso à internet (cadastrado em um provedor em conjunto com uma senha) ou para acesso a um *website* que, porventura, exija um cadastramento prévio do internauta (nesse caso, o cadastramento do *login* é feito no *website*).

Logo – Linguagem de programação de alto nível, usada principalmente para propósitos educacionais, com comandos gráficos fáceis de usar.

Microcomputador – Um computador de pequeno porte. Também chamado de PC, sigla para *personal computer* (computador pessoal).

Modem (MOdulator/DEModulator) – É um equipamento que transforma os sinais digitais de um microcomputador em sinais analógicos que podem viajar através de uma linha telefônica. O som que se ouve quando é feita a discagem para um provedor de acesso informa que a ligação foi completada e que os sinais analógicos enviados do computador chegaram a um dos *modems* de recepção do provedor. A partir daí, os sinais analógicos são convertidos novamente em informação digital, tornando possível o acesso à internet.

Multimídia – Programa utilizado para navegar na *web*. Permite utilizar praticamente todos os recursos da rede, como correio eletrônico, transferência de arquivos e acesso a grupos de discussão.

Navegação – É o processo de se mover de um *website* para outro, seguindo *links*.

Net – Abreviatura de internet.

Netiqueta – O nome surgiu de "network etiquette", comportamento aceitável na internet. Regras de "ciberconvivência", baseadas no bom senso.

Newsgroup (grupos de discussão) – Recurso de comunicação assíncrona, em que as mensagens não são enviadas para caixas postais, mas ficam armazenadas em um servidor especial, organizadas hierarquicamente de acordo com linhas de discussão, facilitando o registro e o acompanhamento dos vários assuntos discutidos.

On-line – Termo utilizado para designar todo o tipo de transação entre computadores.

Página – Conjunto de textos e ilustrações mostrados em uma mesma tela.

Password – Palavra-chave ou senha. Normalmente, está associada a um nome de *login*, por questão de segurança.

Plataforma – Sistema operacional utilizado pelo internauta (Windows 95, NT, Unix etc.).

Plug-in – Programa que adiciona recursos a um navegador da *web*, de modo que se possam manipular vários tipos de elementos, como imagens 3D e recursos multimídia.

Processador de texto – Aplicativo (programa com finalidade determinada) empregado para edição de textos, ou seja, para elaboração e diagramação de textos.

Provedor de acesso – Empresa que provê acesso à internet a seus clientes, através da manutenção de uma central de linhas telefônicas exclusivas ligadas aos servidores de internet.

Senha – É uma palavra qualquer escolhida pelo usuário que, em conjunto com o nome de *login*, serve para liberar o acesso do usuário à internet ou a *websites* que, porventura, exijam senha para entrada.

Shareware – *Software* compartilhado. *Software* disponível para ser testado sem custos, mas que, se o usuário achar útil, é esperado que pague uma taxa para o autor (muitas vezes, é confundido com o *software* de domínio público, totalmente grátis). Caso o usuário continue utilizando o *software* depois do término do período de testes, pode-se considerar pirataria.

Simulador – Programa que assume algumas instâncias de um aspecto do mundo, permitindo que o usuário faça entradas no modelo, execute-o e mostre os resultados. Um modelo pode assumir diversas formas (por exemplo, um sistema de equações para descrever a coexistência de populações de plantas; um conjunto de procedimentos para guiar um foguete etc.).

Site – Conjunto de páginas ou lugar no ambiente *web* da internet que é ocupado com informações (texto, fotos, animações gráficas, sons e até vídeos) de uma empresa ou de uma pessoa. É também o diminutivo de *website*.

Software – Programas, dados e rotinas desenvolvidos para computadores. Os *softwares* precisam ser instalados nos computadores para que passem a desempenhar determinadas funções.

Spam – *E-mails* comerciais enviados a alguém sem a solicitação. É a versão eletrônica das malas diretas. São enviados geralmente a milhares de usuários simultaneamente, o que acaba por consumir grande parte dos recursos da rede, aumentando ainda mais os problemas de congestionamento na transmissão dos dados via internet.

Unix – Sistema operacional que suporta um número muito grande de computadores. É também conhecido como "o sistema operacional da internet".

Upload – Ato de transmitir um arquivo do computador do usuário para a rede.

URL *(Uniform Resource Locator)* – Uma URL é um endereço virtual que indica exatamente onde as informações da empresa ou da pessoa se encontram. A primeira parte do endereço indica que protocolo está sendo usado e a segunda parte especifica o domínio onde o recurso está localizado, no formato www.domínio.tipododominio.sigladopaís.

Vírus – Programa de computador desenvolvido intencionalmente para se associar a outro programa de computador, de forma que, quando esse programa roda, o programa do vírus também roda, podendo replicar-se indefinidamente por associar-se a outros programas. Os vírus têm a intenção manifesta de perturbar o funcionamento do computador, destruir arquivos, modificar *softwares* e atrapalhar o funcionamento das redes.

VRML (*Virtual Reality Modeling Language*) – Padrão de programação que permite modelagem e navegação em três dimensões na *web*.

Web – Abreviatura de *world wide web*.

Webmaster – Profissional responsável por um ou mais *websites*.

Website – Conjunto de páginas ou lugar no ambiente *web* da internet que é ocupado com informações (texto, fotos, animações gráficas, sons e até vídeos) de uma empresa ou de uma pessoa.

WWW (*World Wide Web*) – Ambiente multimídia da internet, a reunião de texto, imagem, som, vídeo e movimento na internet.

Zapear – Passear pelos diversos canais de TV (ou outros) utilizando o controle remoto (ou o teclado ou o *mouse do computador)*.

Zapping – É o fenômeno que ocorre por causa da tendência dos telespectadores de mudar de canal através do controle remoto. O fenômeno, obviamente, é tanto maior quanto maior for o número de canais de televisão (abertos, a cabo etc.). Pode ser traduzido por zapear.

Especificações técnicas

Fonte: Times New Roman 10,5 p
Entrelinha: 13,5 p
Papel (miolo): Offset 75 g/m^2
Papel (capa): Cartão 250 g/m^2